Die Autorin

Doreen Virtue arbeitet als Therapeutin und mediale Lebensberaterin in Kalifornien. Seit einigen Jahren setzt sie dabei auch ihre Verbindung zum Reich der Engel ein. Sie ist in den USA u.a. durch viele Fernsehauftritte bekannt und gibt regelmäßig Workshops, auch in Europa, in denen sie die von ihr entwickelte Engel-Therapie unterrichtet.

Ihre zahlreichen Lebenshilfe-Bücher sind bereits in 14 Sprachen erschienen. Weitere Informationen zu ihrer Arbeit finden Sie unter: www.angeltherapy.com

Von Doreen Virtue sind in unserem Hause erschienen:

Erzengel Gabriel (Allegria) • *Chakra Clearing (Allegria)* • *Feen Notruf (Allegria)*

Alles über Erzengel • *Alles über Engel* • *Maria – Königin der Engel* • *Die Engel-Therapie* • *Alles über Erzengel* • *Das hungrige Herz* • *Erzengel Raphael* • *Erzengel Michael* • *Der Tempel der Engel* • *Medizin der Engel* • *Erzengel und wie man sie ruft* • *Botschaft der Engel* • *Die Zahlen der Engel* • *Die Heilkraft der Engel* • *Die Heilkraft der Feen* • *Engel-Gespräche* • *Neue Engel-Gespräche* • *Engel der Erde* • *Dein Leben im Licht* • *Das Heilgeheimnis der Engel* • *Zeit-Therapie* • *Kristall-Therapie* • *Engel-Hilfe für jeden Tag* • *Die neuen Engel der Erde* • *Der Hunger nach Liebe*

Meditationen zur Engel-Therapie (CD) • *Rückführung mit den Engeln (CD)* • *Erzengel Michael (CD)* • *Das Geschenk der Engel (CD)* • *Medizin der Engel (CD)* • *Die Engel von Atlantis (CD)* • *Die Engel der Liebe (CD)* • *Heilkraft der Engel (CD)* • *Himmlische Helfer (CD)* • *Heilgeheimnis der Engel (CD)*

Maria – Königin der Engel-Orakel (Kartendeck) • *Das Traum-Orakel der Engel (Kartendeck)* • *Das Blumen der Engel-Orakel (Kartendeck)* • *Das Engel der Liebe-Orakel (Kartendeck)* • *Das Engel-Tarot (Kartendeck)* • *Das Lebensorakel der Engel (Kartendeck)* • *Das Engel-Therapie-Orakel (Kartendeck)* • *Das Engel-Orakel für jeden Tag (Kartendeck)* • *Das Heil-Orakel der Feen (Kartendeck)* • *Das Erzengel-Orakel (Kartendeck)* • *Das Erzengel Michael-Orakel (Kartendeck)* • *Das Heil-Orakel der Engel (Kartendeck)* • *Das Orakel der himmlischen Helfer (Kartendeck)* • *Das Einhorn Orakel (Kartendeck)* • *Magisches Orakel der Feen (Kartendeck)*

Angel Reading (DVD) • *Deine Engel für das ganze Jahr (Kalender)*

Doreen Virtue

Die neuen Engel der Erde

Aktualisierte Neuausgabe des Bestsellers
»Engel der Erde«

Aus dem Amerikanischen
von Anja Fietz

Besuchen Sie uns im Internet:
www.ullstein-taschenbuch.de

Allegria im Ullstein Taschenbuch
Herausgegeben von Michael Görden

Aus dem Amerikanischen übersetzt von Anja Fietz
Titel der Originalausgabe
REALMS OF THE EARTH ANGELS
Erschienen bei Hay House, Inc., Carlsbad, USA

Deutsche Erstausgabe im Ullstein Taschenbuch
1. Auflage April 2008
4. Auflage 2014
© der deutschsprachigen Ausgabe 2008
by Ullstein Buchverlage GmbH, Berlin
© der Originalausgabe 2007 by Doreen Virtue
Umschlaggestaltung: FranklDesign, München
Titelabbildung: Shirley Ann
Gesetzt aus der Palatino
Satz: Pinkuin Satz und Datentechnik, Berlin
Papier: Pamo Super von Arctic Paper Mochenwangen GmbH
Druck und Bindearbeiten: GGP Media GmbH, Pößneck
Printed in Germany
ISBN 978-3-548-74419-3

INHALT

Ein freundlicher Hinweis an den Leser
7

Erstes Kapitel
Bist du ein Erdenengel?
11

Zweites Kapitel
Inkarnierte Engel
30

Drittes Kapitel
Inkarnierte Elementare
56

Viertes Kapitel
Sternenmenschen
77

Fünftes Kapitel
Die Weisen: Reinkarnierte Zauberinnen,
Hohepriesterinnen, Zauberer,
Magier, Schamanen und Hexen
96

Sechstes Kapitel
Vermischte Ebenen and Mischformen: Mystische
Engel, Ritter, Leprechauns und Meeresmenschen
116

Siebtes Kapitel
Wenn du das Gefühl hast, in mehrere
Ebenen zu gehören …
133

Nachwort
Wir zählen auf dich!
143

Quellen für Erdenengel
149

Ein freundlicher Hinweis
an den Leser

Dies ist keines Ihrer üblichen Bücher mit Engels-
geschichten oder ein Buch über Engel im herkömmlichen Sinn. Während man bei Erdenengeln all-
gemein an Wohltäter denkt, nimmt dieses Werk den
Ausdruck wörtlich, wie Sie bald erkennen werden.
Die in diesen Seiten enthaltenen Informationen können überraschen oder sogar einige von Ihnen scho-
ckieren, die an eine Sichtweise der Engel nach dem
Massengeschmack gewöhnt sind.

Einige Leute werden die Absicht dieses Buches
vielleicht missverstehen, indem sie denken, dass
es die Idee der Trennung in Gruppen stützt. Also,
was ich hier vorstellen will, ist eine Beschreibung
der typischen Merkmale von Erdenengeln in Hin-
blick auf ihre Persönlichkeit, ihren Körper und ihr
Verhalten, etwa so ähnlich wie die Informationen,
die man Astrologie-Büchern entnehmen kann. Die
Erdenengel unter Ihnen werden sich mit den Aus-
sagen in diesem Buch identifizieren können. Aber
es wird auch welche geben, die das, was ich dar-
lege, missverstehen oder sogar ablehnen werden.
Meine Absicht ist es zu helfen und zu heilen, aber

manchmal ruft ein solches Handeln eben Kontroversen hervor.

* * *

Seit dem ersten Erscheinen meines Buches *Engel der Erde* im Jahre 2002 hatte ich die Gelegenheit, mit vielen Leuten über den Inhalt zu sprechen. In meinen »certification programs« behandle ich die Ebenen eingehend und helfe meinen Studenten dabei, die Ebene ihrer Herkunft zu entdecken. Diese Studien haben zu weiteren Erkenntnissen über neue Ebenen geführt.

Als ich damals begann, über die Ebene der Erdenengel zu lehren, stellte ich fest, dass einige Menschen überhaupt nichts mit dem Thema anfangen konnten. Zunächst nahm ich an, dass diese Personen »Unentschlossene«, »Springer« oder »Entwickler« seien, was bedeutet, dass sie viele verschiedene Ebenen ausprobiert hatten und sich deshalb nicht mit nur einer einzigen identifizieren konnten.

Letztendlich erkannte ich, dass diese Leute zu neuen, bisher unentdeckten Ebenen gehören mussten. Als wir uns daran machten, sie zu kennzeichnen, begannen sich Dinge in meinen Untersuchungen wie Mosaiksteine zu einem Ganzen zusammenzufügen.

Und dieses Buch ist also das Ergebnis meiner Studien über die neuen Ebenen. Außerdem habe ich noch mehr Informationen über die Ebenen erhalten, die seinerzeit im Buch *Engel der Erde* beschrieben wurden.

Daher werden Sie teilweise denselben Inhalt wie im ursprünglichen Buch *Engel der Erde* wiederfinden. Dennoch habe ich die Hoffnung und wünsche mir, dass Ihnen die neuen und vertieften Erkenntnisse gefallen werden, die nach dem Erscheinen meines früheren Buches gewonnen wurden.

Ich glaube, dass es auch jetzt noch weitere unbekannte Ebenen gibt, die in den kommenden Jahren entdeckt werden, und ich sehe gern Ihren Beiträgen und Briefen zu diesem Thema entgegen.

* * *

Alle Geschichten in diesem Buch sind wahr, und alle Personen, deren Berichte enthalten sind, haben ihr schriftliches Einverständnis dazu gegeben, dass sie veröffentlicht werden. Die genannten Namen sind ebenfalls echt mit der Ausnahme von drei Personen, die anonym bleiben wollten, und zweien, die darum baten, dass ihre Namen nur abgekürzt angegeben werden sollten. Ich bin jedem von ihnen sehr dankbar, da sie uns allen ein Geschenk machen, indem sie uns an ihren Erfahrungen teilhaben lassen.

Erstes Kapitel

Bist du ein Erdenengel?

Fühlst du dich anders als andere Leute, so als ob du auf diesem Planeten abgeworfen wurdest und dich fragst, wann endlich jemand kommt, um dich nach Hause zu bringen? Wenn dem so ist, könntest du ein *Erdenengel* sein, was ein anderer Ausdruck für *Lichtarbeiter, Indigo, Kristall* oder einer der anderen Namen ist, die zur Beschreibung von jemandem dienen, der sich ausdrücklich zu dem Zweck inkarniert hat, daran mitzuwirken, die Welt zu einem besseren Ort zu machen.

Ein jeder ist auf die Welt mit einer persönlichen Aufgabe des Lernens und Wachsens gekommen. Jeder von uns wählt ein Thema in seinem Leben, wodurch er an einer bestimmten Lebenslektion arbeitet, wie zum Beispiel Geduld, Vergebung oder Mitgefühl. Erdenengel jedoch entscheiden sich zusätzlich zu ihrer persönlichen Aufgabe für eine *universelle* Aufgabe ... und diese universelle Aufgabe besteht darin, der Welt einen Dienst zu erweisen.

Wenn du eine Leidenschaft zum Heilen, Lehren oder Helfen hegst oder ein Talent dazu besitzt, selbst wenn du eigene Probleme mit Drogen, dem Gewicht oder Beziehungen und Ähnlichem hast, bist du vielleicht ein Erdenengel. Wenn du hochsensibel bist und dir jegliche Gewalt zuwider ist, kannst du sehr gut ein Erdenengel sein!

Obwohl alle Seelen von derselben göttlichen Quelle stammen, formt unsere Umwelt und die eigene Geschichte oft unsere persönlichen und körperlichen Eigenheiten. Zum Beispiel werden diejenigen, die ihre meiste Zeit damit verbringen, an tropischen Stränden zu surfen, anders aussehen als Leute, die sich tagtäglich in ihre Büros in Citylage verkriechen.

Gleichwohl haben alle Leben, die du vorher gelebt hast, bestimmte Auswirkungen auf dich. Und genauso wie die Abstammung von deiner leiblichen Familie dich beinflusst, prägt auch deine seelische Familie dein Aussehen, Verhalten und sogar deine Lebensaufgabe. Nochmals sei betont: Das *Innere* eines Jeden ist ohne Unterschied: ein schöner, reiner Funken göttlichen Lichtes. Dennoch, als Lichtarbeiter kann *dein* Lichtfunke Zeit in himmlischen Ebenen verbracht haben, die weit entfernt von der Erde liegen. Diese einzelnen Leben, in denen du dich im Reich der Engel oder Elementarwesen oder auf anderen Planeten aufgehalten hast, haben einen Einfluss darauf ausgeübt, wer du heute bist. Obwohl du einen menschlichen Körper bewohnst, fühlt sich deine Seele wie ein Reisender in einem fremden Land – und das ist im Wesentlichen das, was du bist.

Natürlich ist nicht jeder ein Erdenengel – für diese Rolle hat Gott die größten und hellsten Lichtfunken berufen, um den Übergang ins Neue Zeitalter des Friedens zu begleiten. Die Menschen, die keine Erdenengel sind, leben ihr Leben nur für ihre eigene Entwicklung, Erholung oder ihr Vergnügen. Sie können einfältig oder völlig unspirituell wirken, dennoch sind sie auch göttliche Funken des Lebens. Ihr Leben ist eben nur menschlich-irdischen Belangen gewidmet.

Die entscheidende Aufgabe der Erdenengel

Als Erdenengel bist du ein mächtiger Lichtarbeiter mit einem Vermächtnis des Heilens und der Wunder hinter und vor dir. Du hast deine göttliche Bestimmung akzeptiert, auf die Erde zu kommen und deine Lehren und heilende Energie zu verbreiten. Wie weit ist deine Aufgabe bisher vorangeschritten? Wenn du Schwierigkeiten hattest, dich aufs Erdenleben auszurichten, wirst du wahrscheinlich Antworten sowie Trost und Führung finden, wenn du dich an deine geistige Herkunft erinnerst.

Du magst entdecken, dass du ein Inkarnierter Engel oder ein Elementar bist; ein Sternenmensch, dessen Vorleben außerirdisch war; ein Meeresmensch; ein Leprechaun; ein Paladin-Ritter; oder ein Weiser, der eine reinkarnierte Zauberin, Hohepriesterin oder ein Magier sein kann. Du bist ein Saisonarbeiter im Service und zur Tat aufgerufen – ein Erdenengel. Du kannst Vorleben auf der Erde als Inkarnierter Engel oder Elementar und dergleichen gehabt haben. Und doch hast du diese Inkarnationen vergessen und nimmst an, dass sämtliche deiner Vorleben als Mensch stattfanden.

Der Begriff *Erdenengel* sollte nicht mit den *Inkarnierten Engeln* verwechselt werden, die nur eine untergeordnete Ebene der Erdenengel sind. Indem du etwas über die geistige Ebene deiner Herkunft erfährst, wirst du mehr Verständnis für deine Persönlichkeit, dein Verhalten und deine Eigenheiten entwickeln. Wie bereits erwähnt, ist dies vergleichbar mit der Art, wie die jeweiligen Sternzeichen uns in bedeutsame Kategorien unterteilen.

Meine anfängliche Arbeit mit den Erdenengeln

Ich erhielt die ersten Informationen über Erdenengel in meiner Privatpraxis, wo ich als Engelmedium fungierte und spirituelle Vorlesungen hielt. Meine Klienten bestanden gewöhnlich aus Lichtarbeitern, die dabei waren, die Erfüllung ihrer Lebensaufgabe aufzuschieben.

Ich werde niemals den ersten Erdenengel vergessen, den ich während einer dieser Sitzungen erkannte. Als ich ihre Schultern scannte, ihre Aura und die Geistführer betrachtete, nahm ich geistig einen großen arteriengleichen Leitungsmast wahr, der von ihrer linken Schulter aufwärts ragte. Als ich nachsah, wo der Mast hinführte, musste ich erst einmal tief Luft holen. Dort, über ihr kreisend, schwebte ein Raumschiff! Ich habe nie zuvor irgendwelche Interessen für UFOs oder ETs gehegt und fand das ganze Thema sogar Furcht erregend. Ich zögerte also damit, dieser Frau mitzuteilen, was ich sah, aber ich hatte gelernt, meinen Wahrnehmungen zu trauen und sie ehrlich und wortgetreu meinen Klienten wiederzugeben. Ich hatte festgestellt, dass selbst wenn *ich* die Bilder nicht verstand, meine Klienten es sehr wohl konnten. So atmete ich tief durch und stieß hervor: »Ich sehe so etwas wie ein Raumschiff über Ihnen kreisen.«

»Ach ja«, antwortete meine Klientin wenig überrascht, »es ist schon mein ganzes Leben bei mir.« Das plättete mich vollends. Dennoch hatte ich ein offenes Ohr, als sie erklärte, dass das Schiff ihr allgegenwärtiger Führer und Beschützer sei, der über sie wachte und ihr bei Bedarf Informationen zukommen ließ. Sie berichtete, dass sie das Schiff während der Aufenthalte in der Traumphase besucht habe.

Bald darauf begegneten mir noch weitere Klienten mit derselben außerirdischen Verbindung. Ich bin schon immer jemand gewesen, der Persönlichkeits- und Verhaltensmustern Beachtung geschenkt hatte. So bemerkte ich, dass meine »Sternenmensch«-Klienten ähnliche Aurafarben, Gesichtsmerkmale, Beziehungsmuster und Lebensaufgaben hatten.

Die Entdeckung der anderen Ebenen

Vieles von dem esoterischen Wissen, das ich erhalte, kommt von meinen eigenen Geistführern und Engeln, die mir Botschaften übermitteln, während ich schlafe oder bei einem Reading oder einer Meditation. Auf diese Weise habe ich von der Inkarnation der anderen Seelengruppen erfahren, um diese unter meinen Klienten und Zuhörern zu finden. Zunächst studierte ich die *Inkarnierten Engel*. Diese Männer und Frauen haben Engelsgesichter, einen stämmigen Körperbau, co-abhängige Beziehungen hinter sich und sind quasi Helfer im Dauereinsatz. Zum Beispiel kann meine Klientin Laurie als Inbegriff eines Inkarnierten Engels angesehen werden. Sie ist eine sehr reizende und attraktive blonde Krankenschwester mit einer üppigen, fraulichen Figur und einem herzförmigen Gesicht. Nach jahrelangen Versuchen, ihren alkoholkranken Mann trocken zu bekommen, traf Laurie schließlich die schmerzvolle Entscheidung, sich von ihm scheiden zu lassen. Nun sucht sie nach einem Weg, ihre natürlichen Heilfähigkeiten in einer Privatpraxis einzusetzen.

Anschließend bemerkte ich die Gruppe der so genannten *Inkarnierten Elementare*. Meine Klientin Jayne ist eine typische Vertreterin dieses Stamms. Mit ihrem roten Haar und der Elfenfrisur, dem dünnen, schlaksigen Körper, sieht sie aus wie jemand, der grüne Elfenschuhe mit Glöckchen auf den Spitzen gut tragen könnte. Sie ist von Beruf Hundepflegerin und eine engagierte Tierschützerin, die ihre Verlobung löste, weil ihr Bräutigam aus den Bergen wegziehen wollte, wo sie aufgewachsen war.

»Er plante in die Stadt zu ziehen«, rechtfertigte sich Jayne. »Ich verwelke und sterbe, wenn ich nicht nahe bei der Natur sein kann – besonders wenn ich in die Stadt ziehen müsste, wo es praktisch keine Bäume gibt.«

Jahrelang glaubte ich, dass dies die einzigen Kategorien wären, aus der die Erdenengel herstammten: Inkarnierte Engel, Elementare und Sternenmenschen. Wenn ich diese Kategorien mit meinen Studenten während der spirituellen Beratung diskutierte, stellten ungefähr 80 Prozent von ihnen eine Affinität zu einer der drei Gruppen fest.

Es gab sogar welche von ihnen, die sich in Gruppen mit ihren geistigen Stammesmitgliedern zusammentaten. Ich hatte zugesehen, wie sie zusammen lachten und weinten und ausriefen: »Ach, wirklich? Du auch? Ich bin ganz genauso!«, als sie Geschichten über ihr Erdenleben aus der Sicht ihrer Ebene austauschten.

Aber es gab auch immer ein paar Studenten, die sich in keiner der Kategorien wiederfinden konnten. »Was ist mit uns Sterblichen?«, wollten sie wissen.

Mein Sohn Grant lieferte schließlich die Antwort. Er war Teilnehmer meines Zertifizierungskurses Angel Therapy Practitioner® in Nord Miami und hielt einen kurzen Vortrag vor der versammelten Klasse über die Verwendung von Kerzen bei Ritualen und Beschwörungen. Grant hatte eine zeitlang Wicca-Spiritualität studiert, und er konnte aus einem reichen Wissensschatz schöpfen. Am Ende seines Vortrags wandte er sich der Hörerschaft zu und sprach: »Ich weiß, welches die vierte Kategorie der inkarnierten Lichtarbeiter ist ... Ich weiß es, weil ich aus dieser Gruppe stamme. Sie umfasst alle von uns, die Reinkarnierte Magier, Hohepriesterinnen, Hexen, Ritter, Zauberer und Zauberinnen sind.« Es folgte ein hörbares Einatmen von allen Zuhörern und dann die Ausrufe: »Ja! Das ergibt endlich einen Sinn!« und »Das ist es, was ich bin!« Grants Herangehensweise hörte sich richtig an und berührte wirklich eine Saite in den Kursteilnehmern.

Seitdem habe ich viele Menschen aus dieser Gruppe studiert und befragt, die ich nun die *Weisen* nenne. Wann immer ich Vorlesungen halte oder ein Buch über dieses Thema schreibe, erhalte ich die Bestätigung, dass diese mächtige Gruppe von Lichtarbeitern zu dieser Kategorie gehört.

Phyllis, die ich traf und befragte, repräsentiert besonders diese Gruppe. Sie hat ein ovales Gesicht und große Augen, und ihr entrückter Blick zeugt von jemandem, der jenseits des physischen Universums schaut. Sie trägt ihr Haar lang, und sie hat ein vornehmes, zumeist hoheitsvolles Benehmen. Als Phyllis die Kinofilme *Die Nebel von Avalon*, *Der Herr der Ringe* und *Harry Potter und der Stein der Weisen* gesehen hatte, verband sie sich sogleich mit den alten magischen Fähigkeiten, die sie einst besessen hatte. Phyllis wusste auch, dass sie in einem früheren Leben als Hexe auf dem Scheiterhaufen verbrannt worden war.

Meine ursprünglichen Lehren schlossen eine fünfte Kategorie namens »Walk-Ins« mit ein. Dies sind Seelen, die freiwillig den Körper eines Erwachsenen einnehmen, damit sie ihre Lebensaufgabe erfüllen können, ohne eine Kindheit und Jugend durchlaufen zu müssen. Da »Walk-Ins« hochentwickelte Seelen sind und einer sehr wichtigen Aufgabe dienen, habe ich erkannt, dass sie von ihrer Entstehung her nicht wirklich zur Ebene der Erdenengel gehören. Stattdessen sind Walk-Ins als ein Prozess anzusehen. Aus diesem Grund werden sie nicht in diesem Buch behandelt.

Dieses Werk befasst sich mit den neuen Ebenen, die ich entdeckt habe, seitdem *Die Engel der Erde* zuerst veröffentlicht worden sind. Es haben sich nun weitere Ebenen und Informationen für viele Menschen offenbart, die vorher als »Unentschlossene«, »Springer« oder »Entwickler« betrachtet wurden (die sonstigen Kategorien dieser Ebene). Ich habe das Gefühl, dass es noch viele weitere unentdeckte Ebenen gibt, die wir eventuell auch entdecken werden. Das ist ganz offensichtlich ein Gebiet, das viele empirische Feldstudien erfordert.

Die heilsamen Auswirkungen dieses Wissens

Als ich erstmalig begann, dieses Konzept öffentlich vorzustellen, merkte ich, dass ich das Risiko einging, missverstanden zu werden. Daher beschränkte ich diese Diskussionen auf meine Zertifizierungskurse, weil die Studenten, die sie besuchten, besonders offen waren.

Aber selbst dann wartete ich, bis wir mitten im Kursgeschehen waren, um über Inkarnierte Engel, Elementare, Weise und Sternenmenschen zu sprechen.

Jedes Mal, wenn ich dieses Thema zur Sprache brachte, drückten die Studenten ihre enorme Erleichterung darüber aus, und Heilung setzte ein. An dieser Stelle habe ich für dieses Buch zusammengetragen, wie einige Erdenengel ihre Reaktion darauf beschrieben, als sie von ihrer geistigen Herkunft erfuhren:

* »Seitdem ich es herausgefunden habe, fühle ich mich regelrecht befreit. Ich fühle mich nicht länger fremd und spüre eine Zugehörigkeit.«

* »Als ich etwas über meine Ebene erfuhr, merkte ich, dass nichts wirklich falsch war, wie ich bisher gehandelt hatte.«

* »Es ist eine Hilfe zu wissen, dass ich nicht der Einzige bin, der so empfindet.«

* »Ich habe immer gewusst, dass ich anders bin. Und nun gibt es eine Erklärung dafür, die einen Sinn ergibt.«

* »Endlich habe ich erkannt, warum ich den Menschen um jeden Preis helfen musste. Ich konnte mir vorher nie erklären, warum ich den Antrieb dazu hatte.«

Dieser Heileffekt, verbunden mit dem Drängeln meiner eigenen Geistführer und dem fortlaufenden Informationsfluss, ermutigte mich, meine Studien über dieses Phänomen fortzusetzen.

Ich hatte schon mehrere Anläufe genommen, um dieses Buch zu schreiben, dennoch erschien der Moment nie richtig passend dafür zu sein – bis jetzt –, um dieses Thema so offen anzusprechen. Dieses Gebiet fand bereits Erwähnung in einem Kapitel mit der Überschrift »Inkarnierte Engel, Elementare, Walk-Ins und Sternenmenschen« in meinem Buch *Die Heilkraft der Engel*. Ich schrieb außerdem einen Artikel über dieses Thema, der in verschiedenen metaphysischen Informationsschriften erschien sowie auf meiner Webseite www.angeltherapy.com. Das Kapitel und der Artikel erregten große Aufmerksamkeit und bei jeder Vorlesung verlangten die Zuhörer noch mehr Einzelheiten oder baten mich darum, ihre Erdenengel-Ebene zu bestimmen.

Meine damalige Assistentin Bronny Daniels erkannte in sich einen Sternenmenschen, als ich das erste Mal die Kategorien beschrieben hatte. (Wie viele Sternenmenschen ist Bronny eine Reikimeisterin.) Sie verbindet sich regelmäßig mit den Plejaden (ein Sternenhaufen in der nördlichen Hemisphäre), und erzählte mir, dass sie schon zweimal spontan die Sprache der Plejadier gechannelt hat. Bronny war es auch, die mir dringend empfahl, dieses Buch zu schreiben, und ihr Appell motivierte mich schließlich es umzusetzen, da es sich so anfühlte, als ob nun der richtige Zeitpunkt gekommen war.

Ich verfasste ein vorläufiges Manuskript für dieses

Buch, das ich meinem Verlag Hay House zusandte, und man sagte mir: »Wir werden darüber im kommenden Meeting sprechen.« Ich begann mich zu fragen, ob dieses Thema zu eigenartig für sie war, um es in Betracht zu ziehen. Bronny und ihre Sternenmensch-Freunde baten inständig darum, dass Hay House der Veröffentlichung der *Engel der Erde* zustimmen würde. Nicht nur, dass Hay House sein Einverständnis gab, sie waren sogar bereit, die überarbeitete Version zu veröffentlichen, die du jetzt in Händen hältst!

Unser nächster Schritt bestand darin, Leute zu befragen, die einen Bezug zu dem Thema der verschiedenen Inkarnationen der Erdenengel hatten. Ich kontaktierte zuerst die Abonnenten meines Newsletters, Bronnys Sternenmenschen-Freunde und alle, die mein Angel Therapy Practitioner-Programm abgeschlossen hatten.

Ich rechnete damit, dass ich etwa ein Dutzend komplette Berichte bekommen würde. Wie überrascht war ich zu entdecken, dass die Befragung im ganzen Internet kursierte und dass ich Hunderte von Antworten erhielt!

Merkmale der Erdenengel

Es gibt Merkmale, die auf alle Erdenengel zutreffen, und auch welche, die einzigartig für nur eine der Ebenen sind. Die Kapitel in diesem Buch beschreiben die jeweiligen Unterschiede, die jede Ebene kennzeichnen sowie die allgemeinen Vertreter, die zu ihnen gehören – und Folgendes:

• **Sich anders, getrennt oder anderen gegenüber fremd fühlen.** Fast jeder Erdenengel, den ich traf, interviewte oder befragte, bestätigte mir, dass er sich »anders als andere« fühle. Für alle Ebenen außer den Weisen besteht dieses Merkmal im Erwachsenenalter fort. Kelly, die ein Inkarnierter Engel ist, beschreibt das Gefühl folgendermaßen: »Ich fühle mich so, als ob ich nicht dazu passe. Ich fühlte mich immer wie eine Ausgestoßene von der Gesellschaft. Als ich in der Grundschule war, nannten mich die anderen Kinder immer eigenartig. Gewöhnlich nahm ich das sehr persönlich und dachte: »Niemand mag mich.« Ich konnte dasitzen und stundenlang weinen. Ich fühlte mich so hilflos und tat mir so leid, weil ich nicht wusste, warum sie mich »anders« fanden.

Ich war entschlossen, dazuzugehören, und ich wollte unbedingt, dass alle mich liebten. Aber das Einzige, was mir wirklich half, mich zugehörig zu fühlen, war, etwas für andere zu tun. Erst später wurde mir klar, wie viele Leute einen Vorteil aus meiner Nettigkeit zogen.

Seitdem ich nun von meiner Herkunft als Inkarnierter Engel weiß, bin ich in der Lage, jede Situation aus einem anderen Blickwinkel zu betrachten. Es ist in Ordnung, anders zu sein. Es ist in Ordnung, ich zu sein. So soll ich sein. Nun brauche ich nichts mehr für andere tun, um sie dazu zu bringen, mich zu mögen.«

Viele Erdenengel wurden geärgert oder beschimpft, weil ihr Aussehen und Verhalten sowie ihre Interessen anders sind. Wie Terry, ein Sternenmensch, sich erinnert: »Meine Schwestern stellten mich immer mit den Worten ›die vom UFO abgesetzt wurde‹ vor.« Nun erkennt Terry den wahren Kern in den Sticheleien ihrer Schwestern, und die Worte treffen sie nicht mehr.

• **Hohe Sensibilität auf andere Menschen, Chemikalien oder jegliche Gewalt.** Erdenengel haben Schwierigkeiten damit, sich in Menschenansammlungen aufzuhalten, und sie fühlen sich durch die überwältigenden Emotionen und körperlichen Sinneseindrücke, die von anderen Menschen ausgehen, regelrecht bombardiert. Die meisten Erdenengel haben gelernt, aggressive Chemikalien in ihrer Nahrung, Reinigungsmitteln und Toilettenartikeln wegen allergischer Reaktionen zu vermeiden. Jegliche Form von Gewalt stößt Erdenengel ab, ebenso Auseinandersetzungen, negative Medienberichte und gewalttätige Filme. Sie werden wegen dieses Charakterzuges oft gehänselt, indem man sagt: »Du bist eben ein Sensibelchen!« Dennoch ist diese Sensibilität ein heiliges Geschenk, das Erdenengel diesem Planeten bringen und sie befähigt, intuitiv zu wissen, wo ihre Dienste gerade gebraucht werden. Sie könnten nicht einmal ihre Sensibilität abstellen, selbst wenn sie es versuchen würden! Der Erdenengel Shelly sagt: »Ich habe es nie leiden können, mitten in einer Menschenmenge zu sein und an Orten, wo Lärm und Durcheinander herrscht.

Ziemlich oft ist mein Grad an Empathie mehr ein

Fluch als ein Segen. Ich fühle mich oft zerstreut und verwirrt durch das geringste Anheben der Energie. Ich habe Schwierigkeiten, mit anderen Leuten zusammenzuleben, so geht es mir am besten, wenn ich für mich bin.«

• **Das starke Gefühl, eine Bestimmung zu haben.** Selbst wenn die Erdenengel nicht genau wissen, was ihre Bestimmung darstellt, ist da ein gewisses Gefühl, dass die Aufgabe mit dem Lehren und der Heilung anderer zu tun hat. Wie ein Inkarnierter Engel namens Stav einwirft: »Mir war immer bewusst, dass meine Lebensaufgabe darin bestand, zu lehren, zu heilen und zu dienen und meinen Teil dazu beizutragen, unserer geplagten Welt aus dem Schlamassel zu helfen. Obwohl ich nicht sicher bin, wozu ich mich verpflichtet habe, bin ich bereit zu helfen.«

• **Frustrierende Beziehungsmuster in der Vergangenheit.** Erdenengel wurden oft von emotional kalten oder missbrauchenden Eltern aufgezogen. Als Erwachsene haben sie vielleicht Freunde und Geliebte angezogen, die sie missbrauchten. Viele Erdenengel haben Liebesbeziehungen mit Partnern, die untreu sind, sie körperlich oder verbal misshandeln oder sich nicht binden wollen. Einige Erdenengel werden als Kinder in gestörte Familien »gesandt«, um als Katalysator der Heilung zu wirken. Diese jungen Erdenengel fühlen sich wie Adoptivkinder, denn sie haben überhaupt keine Verbindung zu ihren eigenen Eltern oder Geschwistern. Und in der Tat sind dies nur ihre *leiblichen* Familien und nicht ihre geistigen.

Andere Engel haben sich für schwierige Familien-situationen angemeldet, damit sie besonders schnell während eines Lebensalters vorankommen können. Nur ein energisches Bekenntnis zum Verstehen und Heilen dieser Muster scheint den Bann über ihre nachfolgenden Beziehungen zu brechen.

• **Fremde erzählen ihnen ihre Probleme und sehr private Dinge.** Erdenengel haben ihr Leben lang Begegnungen mit völlig Fremden, die sich ihnen nähern und um Hilfe bitten oder ihnen gegenüber intime Details aus ihrem Leben ausplaudern. Die Erdenengel bekommen oft zu hören: »Du hast so etwas an dir, dass ich dir vertrauen kann.«

Alisann stöhnt: »Das passiert mir schon mein ganzes Leben. Ich kann in einem Raum voller Leute stehen und irgendjemand wird ankommen und mir äußerst vertrauliche Dinge von sich mitteilen, ohne dass ich danach gefragt habe.« Dieses Phänomen trifft man besonders bei Inkarnierten Engeln an, da Mitglieder der anderen Ebenen gelernt haben, sich durch ihre Körpersprache davor zu schützen.

• **Jünger als ihr tatsächliches Alter aussehen.** Viel-leicht liegt es daran, dass sie sich gesünder ernähren, Sport treiben und generell besser auf sich achten – oder eventuell an ihrer spirituellen Ausrichtung –, aber Erdenengel wirken oft jünger als sie tatsächlich sind. Beinahe jeder der befragten Erdenengel be-richtet, dass die Leute große Augen machten, sobald sie ihr wahres Alter erfuhren. Ein Erdenengel sagt, dass sie ihren Ausweis vorzeigen musste, um Alkohol kaufen zu können, bis sie Mitte 30 war. Die Ausnahme bilden die Weisen, deren Haar oft frühzeitig ergraut ist und deren finsterer Gesichtsausdruck sie reifer wirken lassen kann als ihr tatsächliches Alter.

• **Eventuell eine eigene Suchtlaufbahn oder in der Familie.** Ob Nahrung, Drogen, Alkohol, Zigaretten, Beziehungen oder alles zusammen, manche Erdenengel wenden sich Suchtmitteln oder äußeren Reizen zu, um den Schmerz darüber zu betäuben, dass sie sich anders und durch ihre Lebensaufgabe eingeschüchtert fühlen. Ein Erdenengel beschreibt dies folgendermaßen: »Ich fand es viel leichter, mit dem Leben klar zu kommen, wenn ich Drogen und Alkohol zu mir nahm. Diese Stoffe brachten mir eine Leichtigkeit oder eine Gefühllosigkeit, wodurch ich vergessen konnte, warum ich hier war. Die Drogen würden meine Mission auf Eis legen. Damals war dies ein äußerst wichtiges Thema für mich.«

• **Ein klingelnder Ton in einem Ohr.** Die meisten Erdenengel (aber auch nicht alle) vernehmen einen hohen, klingelnden Ton in einem Ohr. Der Ton kann angespannte Situationen begleiten oder kommt aus heiterem Himmel. Viele Erdenengel betrachten ihn als lästige Beeinträchtigung, aber das Klingeln ist tatsächlich eine codierte Nachricht, die von der Ebene der Erdenengel heruntergeladen wird, um ihnen zu helfen, die irdischen Probleme zu meistern. Es enthält ebenfalls Anweisungen und Führung für die Mission des Erdenengels. Zum Glück können Erdenengel im Geist darum bitten, die Lautstärke oder Höhe des

Tons zu mindern, so dass er nicht mehr länger in den Ohren wehtut.

* * *

Dies ist ein Buch für und über *dich!* Ich bete darum, dass es dir hilft, alte Wunden zu heilen, die du erlitten hast, weil du dich anders fühlst, hochsensibel bist, außerordentlich kreativ oder in ein Bild passt, dass außerhalb der üblichen Normen, Erwartungen und Gesellschaften liegt.

* * *

Wie du erfährst, von welcher Ebene du stammst

Jedes Kapitel beschreibt einen oder mehrere der bekannten Ebenen der Erdenengel. Lies jedes Kapitel, um aufzudecken, in welcher Ebene du deinen Ursprung haben könntest. Achte auf die Signale deines Körpers wie Gänsehaut, ein Zucken der Muskeln oder den Eindruck eines Déjà-vus. Wenn du dich zu mehr als einer Ebene zugehörig fühlst (oder zu keiner von ihnen), kann es sein, dass du von einer noch nicht entdeckten Ebene kommst oder eine Mischung aus zwei oder mehreren Ebenen bist.

Jede Ebene hat einzigartige, auffällige Merkmale, was ein Weg ist, um die Ebene der Herkunft von jemandem zu unterscheiden. Du kannst ebenso deine

Freunde fragen, sofern sie aufgeschlossen dafür sind, und sie bitten, dir dabei zu helfen, deine Ebene zu bestimmen. Darüber hinaus können dir Absolventen meiner Angel Therapy Practitioner und Angel Intuitive®-Kurse fachkundigen Rat über die Ebenen geben. Einige von ihnen halten sogar Workshops zu diesem Thema. Egal von welcher Ebene du stammst, du bist ein geliebtes Kind des Schöpfers. Du, wie jeder, hast eine wichtige Lebensaufgabe, und ich bin sehr glücklich, dass du dir zu der jetzigen Zeit eine Inkarnation auf der Erde ausgesucht hast!

ZWEITES KAPITEL

Inkarnierte Engel

Berichte über Inkarnierte Engel reichen bis in die Zeit des Apostels Paulus zurück, der im Brief an die Hebräer schrieb: »Vergesst die Gastfreundschaft nicht; denn durch sie haben einige, ohne es zu ahnen, Engel beherbergt« (Hebr. 13,2). Meine Bücher *Engel-Gespräche, Neue Engel-Gespräche* und *My Guardian Angel* (Hay House, 2007) enthalten Geschichten von Leuten, die mit Menschen in Berührung kamen, die Inkarnierte Engel sind.

Einige Engel nehmen kurz menschliche Gestalt an, um eine Tragödie zu verhindern, und verschwinden dann spurlos, bevor die beteiligten Menschen die Gelegenheit hatten, ihnen zu danken. Dennoch gibt es andere Inkarnierte Engel, die beschlossen haben, ihr ganzes Leben in einem menschlichen Körper zu verbringen – und sie sind vermutlich unter den denkbar liebsten Lichtarbeitern.

> Wenn du einem Inkarnierten Engel in die Augen schaust, siehst du darin sanfte, reine, bedingungslose Liebe.

Inkarnierte Engel neigen dazu:

* niedliche, herzförmige Gesichter zu haben

* sich zu entschuldigen und häufig: »Es tut mir leid.« zu sagen

* wie Engel »auszusehen« (männlich und weiblich)

* geschwungene Lippen und große Rehaugen zu haben, die Unschuld und Liebe ausstrahlen

* übermäßigen Appetit und Gewichtsprobleme zu haben

* in helfenden Berufen tätig zu sein, wie Lehrer, Flugbegleiterin, Krankenschwester und Berater

* ihr Haar aufzuhellen oder Strähnchen zu haben

* großes Vertrauen in ihre Mitmenschen zu haben

* schwer Nein sagen zu können und sich schuldig zu fühlen, wenn andere ihnen zu Hilfe kommen

* Engel zu lieben und eine Sammlung von Engelsfiguren, Büchern, Schmuck usw. zu haben

* weitere Schutzengel zu haben

* scheinbar zu leuchten, mit einer immens großen Aura um sich herum

* sich in das Potenzial eines anderen zu verlieben und zu versuchen, diese Person zu ihrer vollen Größe zu verhelfen

* co-abhängige Beziehungen zu haben mit Drogensüchtigen und Alkoholikern

* viel länger in Beziehungen zu verharren als jeder Durchschnittsmensch es täte

Wie bereits im ersten Kapitel erwähnt, hat jede Ebene ihre einzigartigen Hauptmerkmale. Die Inkarnierten Engel haben reine und süße Unschuld in ihrem Blick. Sie strahlen bedingungslose Liebe aus, ganz ähnlich wie die Augen von einem Rehkitz.

* * *

Ich wurde schon oft zu *Reinkarnierten Engeln* befragt. Der Ausdruck *Inkarniert* trifft es allerdings besser als *Reinkarniert*. Ein Engel kann mehr als ein Leben in menschlicher Gestalt zugebracht haben, aber wenn er in der letzten Lebenszeit überwiegend ein Engel war, geben die verräterischen Merkmale ihre wahre geistige Herkunft preis.

Viele Inkarnierte Engel haben mit Gesundheitsproblemen zu kämpfen, besonders Fibromyalgie, dem chronischen Erschöpfungssyndrom (CFS) und gynäkologischen Krankheiten. Louise L. Hay, die Autorin von *Heile deinen Körper*, sagt, dass Gesundheitsprobleme bei Frauen von der »Verneinung des Selbst und Ablehnung der Weiblichkeit« stammen und dass fibromartige Tumore und Zysten vom »Pflegen einer Verletzung vom Partner und einem Schlag gegen das weibliche Ego« herrühren. Diese Symptome könnten gleich gut auf männliche und weibliche Inkarnierte Engel zutreffen, die hinter die Oberfläche blicken, wenn sie Menschen treffen und ihre inneren Talente, ihre Göttlichkeit und ihr Potenzial erkennen. Inkarnierte Engel teilen diese Merkmale mit Engeln in der geistigen Welt, die sich nur auf innere Schönheit ausrichten und die Menschen danach drängen, ihre angeborenen Talente zu vervollkommnen, damit die Welt zu einem besseren Ort wird.

Inkarnierte Engel haben oft Freunde und Geliebte, die ihr Potenzial mit Süchten verschleiern. Inkarnierte Engel nehmen diese Beziehungen auf sich als eine Art »Mission«, indem sie versuchen, anderen dabei zu helfen, ihre Selbstzweifel zu überwinden und sich auf ihre Stärken und Talente zu konzentrieren. Leider führt dies oft zu enttäuschenden Beziehungen für beide Seiten. Inkarnierte Engel fühlen sich boykottiert bei dem Versuch, ihre Partner zu heilen und ganz zu machen. Und die Partner wundern sich: »Warum versuchst du mich zu ändern?« Viele Inkarnierte Engel bilden sich ein, dass wenn sie genug für ihre Partner tun oder ihnen genug Liebe geben würden, sie letztendlich heilen. Das ist gut, solange diese Personen daran glauben, dass ein Bedürfnis zu heilen besteht – und für Heilung bereit sind. Meine Erfahrung mit Klienten, die an gynäkologischen Krankheiten oder Prostatabeschwerden leiden, ist, dass diese auch am Syndrom »Wenn Frauen und Männer zu sehr lieben« leiden. Es ist wirklich nichts dabei, zu viel Liebe zu verschenken. Wenn ein Mensch allerdings Liebe gibt und sich *dann darüber ärgert*, dass sie nicht geschätzt oder erwidert wird, kann sich der aufgestaute Ärger in körperlichen Krankheiten niederschlagen.

Viele Inkarnierte Engel haben in ihren Partnerschaften Missbrauch erfahren, und wenn sie an schädigenden Gefühlen in Verbindung mit diesem Missbrauch festhalten, protestiert ihr Körper natürlich.

Energie, Gewicht und Ernährung

Ihre Neigung zum chronischen Müdigkeitssyndrom liefert weitere Aufschlüsse über die Natur der Inkarnierten Engel, da alle Ebenen der Erdenengel extrem empfindlich auf Energie reagieren. Die Inkarnierten Engel können sogar besonders anfällig für schädigende Energien und Energieentzug sein und zwar wegen ihres Hangs dazu, »Frauen und Männer, die zu viel lieben« zu sein. Inkarnierte Engel sind verglichen mit den anderen Erdenengeln viel mehr auf das Zusammensein mit Menschen orientiert und arbeiten wahrscheinlich in einem großen Unternehmen.

Inkarnierte Engel sollten unbedingt Energieschutz- und Reinigungstechniken anwenden, wie im nächsten Abschnitt beschrieben. Andernfalls ist es so, als ob man ohne Jacke bei einem Schneesturm nach draußen ginge. Ein Inkarnierter Engel namens Kelly bestätigt, dass diese Übung ihr sehr geholfen hat. Sie erklärt: »Sobald ein gewisser Arbeitskollege vorbeikam oder stehen blieb, um mit mir zu sprechen, fühlte ich mich völlig ausgelaugt. Ich könnte schwören, dass er mir jedes Mal Energie wegnahm. Bald darauf las ich darüber, dass manche Leute »Haken« in ihrem Energiefeld haben, womit ihre Energie sich vorreckt und bei deiner Energie bedient. Nachdem ich nun beobachtet hatte, dass genau das der Fall war, wandte ich die Übungen in dem Buch an, um meine Energie zu schützen. Kurz darauf hörte der Mann auf, sich bei mir blicken zu lassen.«

Wenn sie gut auf ihre Energie achten, hilft dies den Inkarnierten Engeln zu verhindern, dass sie Essen benutzen, um ihre Lebenskraft zu steigern. Viele Erdenengel essen zwanghaft, und sehr oft tragen sie überflüssige Pfunde mit sich herum. Yasmin, ein Inkarnierter Engel, erzählt: »Als Schokoladensüchtige verschaffe ich mir täglich köstliche Erinnerungen an den Himmel; und es fällt mir daher sehr schwer, auf diesen Genuss zu verzichten.«

Essen bietet für Inkarnierte Engel eine Möglichkeit sich zu erden, wenn sie sich ausgepumpt fühlen; und es ist außerdem ein Ventil bei Stress, besonders knusprige, salzige Sachen wie zum Beispiel Kartoffelchips und Popcorn. Anscheinend ist der Grund, warum so viele Inkarnierte Engel Übergewicht haben, eigentlich nicht vom übermäßigen Appetit kommt, sondern weil sie die Fettpolster als energetischen Schutz benutzen. Sie haben Probleme damit, Gewicht zu verlieren, selbst bei strengster

Diät und Sport. Das trifft besonders auf Inkarnierte Engel zu, die Massagetherapeuten sind oder sich alternativ mit Healing Touch (»*Heilende Hände*«) beschäftigen. Sie nehmen die toxischen Emotionen ihrer Klienten auf, und ihre Körper blähen sich auf wie ein Schwamm, der Wasser aufsaugt. Mit ihren üppigen Körpern, den außerordentlich schönen Gesichtern und der langen Haarpracht sehen weibliche Inkarnierte Engel wie Schönheitsköniginnen für Übergrößen aus. Sie müssen sich oft anhören: »Du hast so ein hübsches Gesicht. Wenn du bloß abnehmen würdest, wärest du einfach hinreißend!« Die Schauspielerinnen Delta Burke und Elizabeth Taylor sind zwei Beispiele für Inkarnierte Engel mit diesen Körpermerkmalen.

Männliche Inkarnierte Engel sind stämmige Teddybär-Typen, so wie der Schauspieler John Goodman; oder solche mit herzigen und jungenhaften Gesichtern, wie der Schauspieler John Dye (Andrew aus der US-Fernsehserie *Berührt von einem Engel*).

Abschirmung

Bevor du bei Regen einen Fuß vor die Tür setzt, ziehst du dir eine Jacke über. Und in ähnlicher Art und Weise solltest du deine »Energie-Jacke« überziehen, sobald du dich daran machst, einer anderen Person zu helfen. Wenn du einem anderen gegenüber dein Herz öffnest, bist du nämlich ebenfalls offen, die restliche Angst-Energie aufzunehmen, die er in deine

Richtung ausspeit. Das bedeutet nicht, dass du deine Hilfe versagen solltest, aber es ist in etwa damit vergleichbar, anderen zu helfen, die eben für eine Weile draußen im Regen waren: Sie können eine Menge Schmutz an sich haben, und es ist niemandem geholfen, wenn sich dieser Schmutz auf dich überträgt. Mit anderen Worten: Wenn du anderen hilfst, ihre Gedanken und Emotionen zu reinigen, entlassen sie ihre Giftstoffe, die auf jeden spritzen, der in der Nähe steht – auch auf dich, ihren Helfer.

Diejenigen von euch, die Inkarnierte Engel sind, neigen dazu, die »blutenden Herzen« der Ebenen der Erdenengel zu sein, und ganz besonders ihr solltet daran denken, Schutzmechanismen anzuwenden, bevor ihr irgendwelche Heilanwendungen durchführt. Ansonsten seid ihr selbst dafür verantwortlich, wenn ihr euch extra Körperfett als Schutz und Abschirmung zulegt. Das überflüssige Fett kommt nicht unbedingt vom übermäßigen Essen, und du wirst feststellen, dass sich dein Gewicht nicht verändert, indem du eine Diät machst oder Sport treibst. Dennoch ist das »Polster« eine Form von Schutz, das du leicht gegen eine Schicht aus Schutzenergie eintauschen kannst, eben durch *Abschirmung*.

Es dauert nur einen Moment, dich energetisch abzuschirmen. Idealerweise solltest du dies vor *jeder* Hilfsaktion oder Heilsitzung tun – ob es eine bezahlte oder freiwillige Tätigkeit ist, spielt keine Rolle. Es macht auch keinen Unterschied, ob die Person, der du hilfst, ein Fremder, Klient, Familienmitglied oder Freund ist. Und es ist egal, wie lange die Hilfsaktion dauert – es könnte ein kurzer Moment sein oder über mehrere Tage gehen. Wann immer du davor stehst, jemandem zu helfen, schirme dich ab.

Selbst wenn du vergisst, dich *vor* der Sitzung zu schützen, kannst du dich immer noch zu jedem Zeitpunkt *während* der Sitzung abschirmen. Es ist niemals zu spät, dich abzuschirmen. Dennoch könntest du bis dahin einigen emotionalen Schmutz angenommen haben, so dass du dich nachher einem Clearing unterziehen solltest. (Der nächste Abschnitt beschreibt diesen Vorgang.)

Wenn du einfach den Vorsatz fasst, dich mit einer schützenden Schicht aus Licht und Energie abzuschirmen, geschieht es. Das war's. Du kannst wirklich nichts falsch machen oder den Zugang zum Licht oder Energie-Schutzschild verweigert bekommen. Jeder, der den Vorsatz fasst, erzielt unverzüglich ein Ergebnis, ohne Ausnahme.

Sich Abschirmen bedeutet Visualisieren, Fühlen und/oder sich Vorstellen, von einem Kokon aus Licht umgeben zu sein. Dieses Licht ist die Essenz der Engel; und es ist ein lebendiges, liebevolles und intelligentes Gebilde, das du gerufen hast, um dich zu umgeben und zu schützen. Keine Sorge, das Licht stammt immer vom göttlichen Licht unseres Schöpfers. Den so genannten dunklen Mächten steht dieses Licht nicht zur Verfügung, um es mit anderen zu teilen (und sie würden es auch nicht tun, selbst wenn sie könnten). Deshalb läufst du keine Gefahr, aus Versehen eine niedere Energie anzurufen, wenn du dich abschirmst.

Du kannst dich mit den unterschiedlichsten Farben von Licht schützen, je nachdem, was du beabsichtigst. Wir wiederholen, dass dein Wunsch, dich mit diesem Licht zu umgeben, nicht abgeschlagen wird. Jeder, der bittet, wird empfangen, ohne Ausnahme (obwohl das Ego manchmal versucht, uns vom Gegenteil zu überzeugen. Höre nicht auf diese Stimme!). Die verschiedenen Farben findest du nachfolgend aufgeführt:

• **Weißes Licht:** Es ruft die Engel um dich herum dazu auf, dich geschlossen zu umringen. Die Engel schützen dich, und sie geben die Gewähr, dass du behütet und sicher bist.

• **Rosafarbenes Licht:** Rufe dieses Licht an, wenn sich ein negativer Mensch in deiner Nähe aufhält, der besessen von seinen Problemen ist. Das rosafarbene Licht sendet liebevolle Energie nach außen an jeden, der mit dir spricht, und gleichzeitig nach innen an dich selbst. Nichts kann diesen rosafarbenen Schutzschild durchdringen, außer liebevolle Gedanken und Energien.

• **Smaragdgrünes Licht:** Sieh oder fühle dich selbst von diesem Licht umgeben, sooft du ein Ungleichgewicht in deinem physischen Körper heilen willst. Dein Körper nimmt dieses Licht auf, wo auch immer Heilenergie von Nöten ist.

• **Purpurfarbenes Licht:** Stelle dir vor, wie du umhüllt bist von königlich purpurfarbenem Licht, das deine geistige Schwingung anhebt und dir ermöglicht, über Probleme erhaben zu sein und mit dem höchsten Grad göttlicher Führung in Verbindung zu treten. Purpurfarbenes Licht lässt jegliche niederen Energien, Wesenheiten und erdgebundenen Geister abprallen.

• **Regenbogenfarbenes Licht:** Sieh oder fühle dich einen Mantel aus den Streifen des Regenbogens tragen, der deine Fähigkeit steigert, Energie-Heilarbeit bei dir und anderen vorzunehmen.

Du kannst dich, wenn du willst, mit Lagen von vielfarbigem Licht schützen, um alle Heilwirkungen der verschiedenen Farben hervorzurufen. Zum Beispiel kannst du eine dreifache Lage von Licht visualisieren, zuerst mit weißem Licht für Engelsenergie, gefolgt von einer Lage smaragdgrünem Licht für Heilung und dann purpurfarbenem Licht, um dein Bewusstsein für die höchste Wahrheit zu öffnen.

Du kannst die Methode der Abschirmung ebenfalls einsetzen, um deine Angehörigen, dein Heim, deine Autos, deine Heimatstadt oder dein Heimatland und die ganze Welt zu schützen. Wende einfach dieselben Techniken an, um bestimmte Menschen, Dinge, Orte und Gebiete mit heilendem Licht umgeben zu sehen.

Clearing

Es kann sein, dass du vergisst, dich vor einer Sitzung abzuschirmen. Daher wirst du regelmäßig deine Energie reinigen wollen, um die Auswirkungen von Angst von deinen eigenen oder den Gedanken anderer wegzuwaschen. Erschöpfung ist das Hauptsymptom dafür, dass du niedere Energien aufgenommen hast. Diese Art von Erschöpfung spricht nicht auf Koffein, Mittagsschlaf oder Sport an. Das Empfinden starker Müdigkeit ist chronisch, weil seine Quelle außerhalb deines physischen Körpers liegt. Habe trotzdem keine Angst ..., die Ursache ist leicht zu beheben und genauso die von ihr bewirkte Erschöpfung. Nach jeder Heilsitzung oder Vorlesung oder sobald du dich sehr müde fühlst, wende die Techniken eines Energie-Clearings an. Deine eigenen Geistführer und Engel können dir Methoden beibringen, die genau auf dich passen. Aber das hier sind ein paar von meinen Favoriten:

• **Durchtrennen deiner Kabel:** Dies ist ein grundlegender Schritt für alle Heiler und Lehrer. Jeder deiner Studenten und Klienten bringt ätherische Kabel bei dir an, wenn er glaubt, dass er etwas von dir braucht. Dann, nach deiner Sitzung, ziehen sie Energie von dir ab. Es kann auch sein, dass sie toxische Energien durch die Kabel in deine Richtung senden. Dieser Vorgang läuft zumeist unbewusst ab, obwohl die Kabel für Hellsichtige erkennbar sind und von Hellfühligen ertastet werden können. Um die Kabel zu durchtrennen, sag einfach diesen Spruch laut oder im Geist:

> »Erzengel Michael, bitte erscheine jetzt und durchtrenne die Kabel der Angst, die mir Energie und Lebenskraft nehmen.«

Wenn du wirklich bereit bist, diese Kabel zu lösen, wird Erzengel Michael augenblicklich deine Bitte erfüllen. Manchmal halten Menschen an den Kabeln fest, weil sie es schädlicherweise »brauchen, gebraucht zu werden«. Sollte dies der Fall sein, bitte Erzengel Michael dir dabei zu helfen, die Ängste, die hinter so einem Verlangen stehen, loszulassen. (Denke daran, dass die Erzengel gleichzeitig bei jedem sein können, der nach ihnen ruft, und dass sie keinen zeitlichen oder räumlichen Beschränkungen unterliegen.)

• **Meersalzbäder nehmen:** Wenn du kein Meer vor der Haustür hast, um darin schwimmen zu gehen, kannst du seine heilenden Eigenschaften dennoch hervorrufen, indem du deine Badewanne mit warmem Wasser füllst und Meersalz hinzugibst, das in jedem Reformhaus oder Wellness-Center erhältlich ist. Das reine Salz entzieht deinen Hautporen die toxischen Energien. Vergewissere dich, dass du eine Sorte nimmst, die ohne künstliche Farb- oder synthetische Duftstoffe auskommt, so dass du deinem Körper nicht versehentlich noch mehr chemische Substanzen zuführst.

- **Sich mit der Natur verbinden:** Pflanzen und Tiere bieten eine willkommene Ruhepause von künstlicher Beleuchtung, elektromagnetischen Schwingungen, klingelnden Telefonen und dem Drängeln anderer Leute. Pflanzen ziehen außerdem schädliche Gifte aus unserem geistigen, emotionalen und physischen Körper. Wenn du dich abgeschlagen fühlst, mache draußen einen Spaziergang. Stelle außerdem eine Topfpflanze neben dein Bett, damit die Pflanze und ihre Feen sich ans Werk machen können, um deine Energie zu reinigen, während du schläfst.

Engel und Selbstbehauptung

Inkarnierte Engel sind geborene Helfer und Heiler, und sie sind auf die Erde gekommen, um eben diese Mission zu erfüllen. Dennoch kann dieser Eifer Schwierigkeiten erzeugen, wenn er nicht im rechten Gleichgewicht ist. Zum Beispiel haben Inkarnierte Engel eine solche Begeisterung (und Liebe für) Menschlichkeit, dass sie oft schwer Nein sagen können. Ein Selbstbehauptungstraining durch einen Berater, Kurs, ein Selbsthilfe-Buch oder per Kassette kann nötig sein, da viele Inkarnierte Engel zu sich selbst Nein sagen in Form von Selbstverleugnung, während sie zu jedem anderen Ja sagen.

Inkarnierte Engel entschuldigen sich oft, wenn sie um Hilfe bitten oder delegieren überhaupt nie etwas und ärgern sich dann über die Tatsache, dass niemand ihnen hilft und sie die ganze Arbeit allein machen müssen. Dies kann zu einem »Märtyrer-/ Opfer-Komplex« führen, wodurch der Inkarnierte Engel sich einbildet, dass alle ihn ausnutzen anstatt zu erkennen, dass sie diese Situation selbst geschaffen haben. Manche Inkarnierte Engel fühlen sich schuldig, wenn sie nach Hilfe fragen, sogar wenn sie ihre eigenen Schutzengel um Beistand bitten, aufgrund der Angst, zu »stören«. Manchmal stammt diese Angst aus den Jahren, in denen sie geärgert oder beschimpft wurden. Die Inkarnierten Engel glauben, dass etwas falsch mit ihnen ist, daher meinen sie, keine Unterstützung zu verdienen. Sie können ein Verhaltensmuster von Selbstboykott entwickeln und Gelegenheiten fortstoßen.

Der Weg der Heilung in diesem Bereich führt über die Veränderung des ganzen Themas »Empfangen«. Das bedeutet, dass diese Engel erkennen sollen, dass sie anderen mehr geben und helfen können, wenn sie sich zugestehen, als erste zu empfangen. Zum Beispiel wenn sie sich dazu berufen fühlen, Heiler zu sein, benötigen sie eine Heilpraxis, Geldmittel für Werbung, einen PC oder andere Ausrüstungsgegenstände. Sie benötigen darüber hinaus extra Geld, um einen Arbeitsplatz zu verlassen, der ihre Zeit beansprucht, die sie für ihre Heiltätigkeit brauchen.

Des Weiteren haben einige Erdenengel, einschließlich der Inkarnierten Engel, Schwierigkeiten dabei, Geld für ihre Heilbehandlungen anzunehmen. Dies kann bei Inkarnierten Engeln zum Problem werden, die einen Job verlassen wollen, der ihnen nichts bedeutet, von dem sie aber finanziell abhängen. Wenn sie Geld für ihre spirituelle Heilung oder Beratung annehmen würden, könnten sie sich leisten, ihren Arbeitsplatz zu verlassen und ein Vollzeit-Heiler oder Lehrer zu werden.

Es ist wichtig für den Klienten und den Heiler, während der Heil- oder Lehrsitzung Energie auszutauschen. Mit anderen Worten: Der Kunde oder Student muss etwas zurückgeben. Das könnte Geld, Essen, eine Leistung oder eine Spende an einen Wohltätigkeitsverein sein, der dem Heiler oder Lehrer besonders am Herzen liegt. Den Klienten oder Studenten dazu zu ermutigen, zurückzugeben, ist Teil des Heilungsprozesses, den der Inkarnierte Engel gewährt.

Bei vielen Inkarnierten Engeln besteht ein Ungleichgewicht zwischen Geben und Empfangen. Das Gesetz des Gebens und Empfangens bedeutet, dass wir, wann immer wir geben, zugleich auch empfangen. Es ist der Fluss und das Zentrum des Universums. Und ganz offensichtlich verbringen Inkarnierte Engel viel Zeit damit zu geben. Tatsächlich arbeiten die meisten von ihnen im Heilbereich, wie beispielsweise in der Medizin, als Lehrer, Ratgeber oder in der Reiseindustrie. Dennoch blockieren sie oft den Fluss, etwas für sich zu nehmen, durch Selbstboykott, Selbstverleugnung und unnütze Ausgaben.

Die weibliche Energie ist die empfangende Energie, und wenn ein weiblicher Inkarnierter Engel zu viel gibt, kann sie in ein Ungleichgewicht von zu viel männlicher Energie kommen. Das trifft genauso auf männliche Inkarnierte Engel zu. Wenn sie ununterbrochen geben, ohne auch einmal an sich zu denken, ist dies ein anderer Grund, warum Inkarnierte Engel an Erschöpfung leiden.

Die Affirmationen zur Heilung dieses Ungleichgewichts lauten: »Ich nehme Gutes dankbar an«, und »Je mehr ich mir selbst erlaube zu empfangen, desto besser bin ich in der Lage, anderen zu helfen.« Wenn Inkarnierte Engel diese Worte wiederholt affirmieren und sich angewöhnen würden, sich selbst etwas zu gönnen, könnten sie offener dafür werden, auf anderen Wegen zu empfangen, so zum Beispiel Hilfe bei ihrer Mission anzunehmen. Gesunde Inkarnierte Engel erkennen, dass sie die Umsetzung von Gottes Friedensplan beschleunigen, wenn sie im Team zusammenarbeiten und Hilfe von anderen erbitten und gegenseitig annehmen.

Inkarnierte Engel fühlen sich sehr wohl dabei, Regeln zu befolgen, und sie fürchten sich eventuell davor, welche zu brechen. Sie arbeiten hart, was oft an Perfektion in ihrem Beruf grenzt. Tatsächlich waren die von Inkarnierten Engel für dieses Buch eingereichten Berichte alle feinsäuberlich und übersichtlich, im Gegensatz zu den Berichten der Vertreter anderer Ebenen. Diese Eigenschaften machen es ihnen einfach, in institutionellen oder akademischen Bereichen zu arbeiten. Viele Inkarnierte Engel sind für Krankenhäuser, Schulen oder Fluggesellschaften tätig. Weibliche Inkarnierte Engel sind meistens Krankenschwestern, Lehrerinnen oder Flugbegleiterinnen, oder sie arbeiten in einem Job, der ein liebevolles Herz und Engelsgeduld erfordert. Ich habe immer gedacht, dass es besonders gut passt, dass so viele Stewardessen Inkarnierte

Engel sind, wo Engel doch schließlich ans Fliegen gewöhnt sind!

Das Privatleben von Inkarnierten Engeln

Da Inkarnierte Engel attraktiv sind und ein großes, liebendes Herz besitzen, haben sie kaum Schwierigkeiten, einen Liebespartner oder Freund anzuziehen. Die eigentliche Schwierigkeit für sie besteht darin, eine *erfüllende* Partnerschaft zu haben. Inkarnierte Engel sehen ihren Liebespartner oder Freund als potenziellen Klienten an, dem sie helfen und etwas beibringen können. Sie gehen an eine neue Beziehung mit der Einstellung heran: »Wie kann ich diesem Menschen helfen?«

Wie bereits an früherer Stelle erwähnt, verlieben sich Inkarnierte Engel oft in Suchtkranke und versuchen sie von ihrer Sucht abzubringen. In Freundschaften spielen sie oft die Rolle des Ratgebers. Zum Beispiel können sich die Inkarnierten Engel stundenlang die Probleme ihrer Freunde anhören. Aber wenn sie den Versuch machen, von ihren eigenen Angelegenheiten zu erzählen, beenden diese Freunde abrupt das Gespräch. Dies ist ein anderes Beispiel dafür, dass das Leben der Inkarnierten Engel unausgeglichen im Sinne von Geben und Empfangen ist. Wer hört sich *ihre* Sorgen an?

Wie bereits gesagt, kann es sein, dass Inkarnierte Engel in gestörte Familien als ihre Schutzengel »gesandt« wurden und sich daher völlig getrennt von ihrer Geburtsfamilie fühlen und sich manchmal fragen, ob sie etwa adoptiert worden sind, da sie nichts mit den anderen gemeinsam haben. Diese Leute fühlen sich nicht nach »Familie« für die Inkarnierten Engel an, und in Wahrheit sind sie es ja auch nicht. Die Familienangehörigen sind Fremdseelen, denen die Inkarnierten Engel ihre Hilfe angeboten haben, indem sie sich in einen menschlichen Körper inkarniert haben, um bei ihnen zu leben.

Mit ihrer Neigung, das Gute und das Potenzial in anderen zu sehen, verharren Inkarnierte Engel oft lange in ungesunden Beziehungen. Sie bleiben unbeweglich über eine Zeit hinaus, wenn jeder normale Mensch schon längst gegangen wäre. Pamela, ein Inkarnierter Engel, beschreibt das Muster ihrer Liebesbeziehungen so: »Ich ziehe Männer an, die ein verwundetes Herz haben und wirklich Heilung brauchen. Ich gebe mich der Hoffnung hin, dass sie heil werden und meine Liebe sie wandeln wird, aber das tritt nicht ein. Ich mache eine harte Zeit durch, wenn diese Beziehungen zuende gehen, und ich brauche eine halbe Ewigkeit, um den Schmerz und die Trennung zu verarbeiten.«

Inkarnierte Engel gehen oft sehr schnell Beziehungen ein; und sehr bald nach der ersten Verabredung, entscheiden sie sich, fest mit jemandem zu gehen, zu heiraten oder sich zu verloben oder mit dem neuen Partner zusammenzuziehen. Der Inkarnierte Engel Elizabeth berichtet: »Von Anfang an meine ich es sofort ernst mit den Männern, obwohl es Dinge an ihnen gibt, die mir nicht gefallen.

Ich habe ein Problem, mich einfach nur mit ihnen zu verabreden.«

Da Inkarnierte Engel sich Hals über Kopf in eine Heirat stürzen und zum ersten Mal heiraten, wenn sie noch sehr jung sind, können sie eine Reihe von Ehen und eheähnlichen Beziehungen eingehen. Viele Inkarnierte Engel, die für dieses Buch befragt worden sind, waren bereits zum dritten oder vierten Mal verheiratet. Sie hatten etwa alle zehn Jahre einen neuen Partner. Denke wieder an Elizabeth Taylor als ein Paradebeispiel.

Viele Inkarnierte Engel haben Schwierigkeiten dabei, ungesunde Beziehungen mit Liebhabern, Freunden oder missbrauchenden Familienangehörigen abzuschließen. Wie leidenschaftliche Spieler glauben sie, dass wenn sie es nur weiter versuchen, sich die Beziehung doch für sie lohnen wird. Inkarnierte Engel leben nach der Goldenen Regel und wollen sich auch keiner anderen unterwerfen, da sie große Angst davor haben, sich selbst untreu zu werden. Es widerstrebt ihnen auch, sich ehrlich ihre Bedürfnisse und Gefühle einzugestehen. So leiden Inkarnierte Engel still in einer Beziehung vor sich hin und lassen ihre Unzufriedenheit an sich selbst aus. Vielleicht erreichen sie irgendwann den Punkt, wo sie nicht mehr in der Lage sind, es länger zu ertragen. Das ist der Moment, in dem der Inkarnierte Engel den anderen entweder verlässt oder fortstößt.

Inkarnierte Engel können auch unausgeglichene und ungesunde Freundschaften und Liebesbeziehungen haben. Eine Freundschaft basiert auf Geben und Nehmen, aber ihre Art von Beziehungen ist gewöhnlich einseitig, denn in ihnen ist der Inkarnierte Engel immer der Helfer und niemals der »Geholfene«. Von den Inkarnierten Engeln wird erwartet, dass sie die Starken in jeder Beziehung sind; und die »Freunde« sind berechtigt, unbegrenzt und gratis Beratung, Heilung und psychologische Vorträge zu erhalten. Eventuell verausgaben sich Inkarnierte Engel durch diese Art »Freundschaften« mit Schieflage. Sie merken, dass ihre »Freunde« nicht an ihnen interessiert sind, außer daran, wie die Inkarnierten Engel ihnen helfen können. Die Inkarnierten Engel fühlen sich vielleicht in einem Morast aus Schuld gefangen, so als ob sie Freunde in Not im Stich lassen. Das »Gesetz der Anziehung« bewirkt außerdem, dass sie das Interesse an Freunden verlieren, die nicht ihre Ansichten teilen.

Es hilft, wenn Inkarnierte Engel Unterstützung erhalten, besonders von anderen Engeln, die verständnisvoll sind. Die 12-Schritte-Gruppen Al-Alon und Anonyme Co-Abhängige bieten den Inkarnierten Engeln eine wertvolle Hilfe, die versuchen, ihre Beziehungen zu heilen. Studiengruppen für *Ein Kurs im Wundern* sind ebenfalls geeignet, um Schuldgefühle loszulassen. Inkarnierte Engel kann man wahrscheinlich an jedem Ort oder bei jeder Veranstaltung, wo es um Engel geht, antreffen, wie Engel-Seminare, Engel-Läden oder Lesegruppen, die sich mit Texten über Himmelswesen befassen. Jede Beziehung ist eine »Aufgabe« mit dem Potenzial für beide Partner, dabei zu wachsen und zu lernen. Keiner ist ein Opfer in den Beziehungen – sie wurden alle gewählt, bewusst oder auf der Seelenebene.

Der Inkarnierte Engel Nicole blickt zurück: »Ich hatte bisher vier eheähnliche Beziehungen. Alle waren mit Männern, die emotional unnahbar waren, mich misshandelt und betrogen haben und auch noch drogenabhängig waren. Obwohl meine Familie und Freunde dachten, dass ich ein Opfer sei, wusste ich, dass sie niemals das sehen konnten, was ich in den Seelen dieser Männer erkannte. Mir war klar, dass ich auf einer gewissen Ebene dazu beitrug, ihre Schwingung zu erhöhen.

Meine letzte Beziehung war die komplizierteste und schmerzvollste von allen. Eines Tages, als ich aus dem Fenster blickte, sprach ich zu Gott, dass ich es nicht länger in der Beziehung aushalten könne. In diesem Moment hörte ich die Engel zu mir sagen: ›Wir wissen, dass es schmerzvoll ist; bitte verweile noch ein bisschen länger.‹ Ich fühlte mich vollkommen geliebt und hatte die Kraft, mein Werk an diesem Mann zu beenden. Ich bin inzwischen mit einem netten Mann zusammen, der mein Seelengefährte und auf dem spirituellen Weg ist. Er weiß, dass ich ein Erdenengel bin und liebt mich, so wie ich bin.«

Breite deine Flügel aus und fliege!

Die Augen eines Inkarnierten Engels sind voll großer Leidenschaft und Liebe. In ihnen spiegelt sich etwas von ihrem erlittenen Schmerz, aber der Ausdruck göttlicher Liebe überwiegt. Inkarnierte Engel blicken tiefer als die Oberfläche und sehen das Potenzial in jedem Menschen. Im Gegensatz dazu spiegeln die Augen eines Inkarnierten Elementars puren, verspielten Übermut wider; und die Augen eines Weisen haben einen eindringlichen und fernen Blick von hart erkämpften Lektionen.

Inkarnierte Engel haben die klassischen Körpermerkmale der Engel, von denen die Künstler seit jeher eingenommen waren. Sie sehen aus wie Engel, ob Mann oder Frau. Mit ihrem schönen Gesicht und ebensolcher Wesensart werden sie von allen »Engel« genannt, ohne dass die tiefe Wahrheit in dieser Aussage sichtbar wird. Wie Pamela es beschreibt: »Viele Leute kamen auf mich zu und meinten: ›Du siehst genauso aus wie ein Engel‹ oder ›Du bist engelsgleich.‹ Oft waren es Menschen, die nichts über meine Arbeit und Vorliebe für Engel wussten. Viele berichten mir, dass sie hellseherisch die riesigen, gefiederten Flügel wahrnehmen können, die sich von den Schulterblättern der Inkarnierten Engel ausdehnen, und ein schimmerndes weißes Licht, das von ihrem Körper ausgeht.

Wie auch bei den anderen Ebenen der Erdenengel ist es für Inkarnierte Engel wichtig, ihr Licht leuchten zu lassen, auch wenn sie Angst vor Spott und Ablehnung haben. Ein Inkarnierter Engel gesteht ein: »Es gibt einen Teil in mir, der manchmal meine Engelsflügel zusammenfalten und meine wahre Identität verstecken will. Das macht sich gelegentlich dadurch bemerkbar, dass ich nicht meiner Heiltätigkeit nachgehe oder Termine versäume, um für meine Praxis zu werben.«

Doch wenn Inkarnierte Engel ihre Schwingen ausbreiten und fliegen, ist es reine Schönheit, die man erblickt. Der Inkarnierte Engel Judi hat erkannt, wie wichtig es ist, all ihre Ängste an ihre Schutzengel zu übergeben. »Ich weiß nun, dass ich ganz bestimmt auf dem richtigen Pfad bin. Alle meine Herzenswünsche haben sich vor meinen Augen erfüllt, als ich mein Leben in die Hände der Engel übergeben und losgelassen habe. Das kann mir nie genommen werden. Meine Lebensaufgabe und mein Weg waren niemals klarer und lohnender. Ich habe so viele Jahre gekämpft, und nun fühle ich mich die meiste Zeit so, als ob ich auf einer Wolke dahinschweben würde!«

Lebensaufgaben für Inkarnierte Engel

Inkarnierte Engel fühlen sich oft zu helfenden Berufen hingezogen, und sie geben wunderbare Heiler und Ratgeber ab (Schulmediziner und Heilpraktiker); Schullehrer; und Mitarbeiter in der Reisebranche. Die meisten Inkarnierten Engel haben Gefallen daran, für sich allein zu arbeiten, sie ziehen dies der Gruppenarbeit vor. Sie sind sehr geschickt darin, in großen Unternehmen zu arbeiten, vorausgesetzt die Leitung hat eine menschenfreundliche Arbeitsmoral. Inkarnierte Engel sind unglücklich, wenn sie für skrupellose Bosse oder Firmen arbeiten müssen.

Anleitung und Ratschläge, wenn du ein Inkarnierter Engel bist

Wenn du ein Inkarnierter Engel bist, wird deine Zeit auf Erden friedvoller und glücklicher sein, wenn du folgende Dinge beherzigst:

• **Schirme dich ab durch Energie und Licht.** Dies wird dein Bedürfnis verringern, übermäßig zu essen, um dich mit einer Schicht von zusätzlichem Körpergewicht zu schützen.

• **Halte inne, bevor du Ja sagst.** Anstatt jeder Bitte um Hilfe automatisch nachzukommen, gib dir selbst genug Zeit, um darüber nachzudenken und dir zu überlegen, ob es etwas ist, das wirklich Teil deiner Mission ist und was dein Herz begehrt. Wenn die Leute etwas von dir wollen, sage ihnen: »Lass mich darüber nachdenken«, oder: »Ich werde darauf zurückkommen.« Die anderen werden respektieren, dass du gut auf dich achtgibst.

• **Ersetze die Angewohnheit, dich zu entschuldigen, durch positive Affirmationen.** Inkarnierte Engel entschuldigen sich ständig, selbst wenn sie nichts falsch gemacht haben. Diese Angewohnheit stammt von dem Wunsch, dass alle zufrieden sind, selbst wenn das bedeutet, dass sie die Schuld auf sich nehmen. Um das Glücksgefühl von dir und den anderen zu steigern, verwende stattdessen positive Worte. Nimm die Gewohnheit an, von dir, anderen und Situationen in aufbauenden Sätzen zu sprechen.

• **Mache Herz-Kreislauf-Training.** Dies hilft dir, den Stress und dein Gewicht in den Griff zu bekommen. Und es ist wichtig für ein gesundes Herz des Inkarnierten Engels.

• **Bringe dein Verhältnis zwischen Geben und Empfangen in Balance.** Sorge unbedingt dafür, dass du dir selbst regelmäßig eine Freude bereitest.

• **Lass alle Regeln los, die deine Mission einengen.** Beobachte, ob du persönliche »Regeln« hast, denen du fraglos Folge leistest, wie beispielsweise: »Ich werde besser nicht zu erfolgreich, oder die Leute werden neidisch auf mich sein und Schmerz durch diesen Neid empfinden.« Prüfe die Regeln, indem du fragst: »Ist diese Regel förderlich oder hinderlich für meine Mission?«

• **Delegiere.** Bitte um Hilfe, ohne dich dafür zu entschuldigen.

• **Nimm Gutes dankbar an.** Erlaube den anderen, dir Beistand zu geben, Geschenke und Komplimente zu machen.

• **Sei verspielt.** Lasse deinem inneren Kind viel Raum zum Spielen, um albern, frei und erfinderisch zu sein.

Drittes Kapitel

Inkarnierte Elementare

Dies ist die Gruppe, die am leichtesten von den Ebenen der Erdenengel zu erkennen ist. Wie die Inkarnierten Engel ähneln die Inkarnierten Elementare ihren Namensgebern – das heißt Feen, Elfen, Kobolden, Gnomen, Inkarnierten Tieren und Einhörnern. Neben den Schutzengeln, die uns allen zur Seite stehen, hat diese Gruppe noch Feen als Schutzgeister.

Sehr oft haben die Vertreter dieser Gruppe rötliches Haar (entweder ganz rot, rotbraun oder rotblond); und ein keltisches Erbe oder Aussehen, wie beispielsweise eine rötliche Gesichtsfarbe oder Sommersprossen.

Engel oder Elementar?

Vielleicht hast du dich vorhin im Kapitel über Inkarnierte Engel wiedererkannt. Aber trotzdem identifizierst du dich stark mit der Beschreibung der Elementaren. Wenn du hin und her schwankst, ob du nun ein Inkarnierter Engel oder ein Elementar bist, sind hier vier Fragen, die du dir stellen kannst, um dir dabei zu helfen, dich zwischen den beiden Ebenen zu entscheiden:

1. Wie stehe ich zu Regeln? Wenn du ein Inkarnierter Engel bist, hältst du dich üblicherweise an Regeln und wirst wütend über Leute, die sie brechen. Solltest du jedoch ein Inkarnierter Elementarer sein, dann kannst du Regeln nicht ausstehen und glaubst, dass Leute, die sie befolgen, Schwächlinge sind.

2. Blitzt mir der Schalk aus den Augen? Elementare lieben Spaß und sind oft sogar richtige Spaßvögel, die immer Ausschau halten nach einer Gelegenheit zum Lachen. Inkarnierte Engel hingegen neigen dazu, ernst und höflich zu sein. Wenn du dich fragst, ob du nun ein Engel oder Elementar bist, frage einen engen Freund, ob aus deinen Augen der Schalk blitzt. Das ist nämlich ein charakteristisches Merkmal von Elementaren. (Wenn du zwischen »frech und nett« tendierst, könntest du allerdings ein Meeresengel sein, der eine Mischung zwischen der Ebene der Engel und Elementaren ist, wie später im sechsten Kapitel näher beschrieben wird.)

> Wenn du in die Augen eines Inkarnierten
> Elementaren schaust, siehst du aufblitzenden
> Übermut oder Verspieltheit.

3. Was für eine Art von Flügeln habe ich? Engel haben Flügel aus Federn, während viele Elementare

Schmetterlings- oder Libellenflügel haben. Diese Flügel sind ätherisch und nicht körperlich.

Um zu bestimmen, welche Art von Flügeln du hast, suche entweder einen Hellseher auf oder gehe in dich und fühle in dich hinein. Richte deine Aufmerksamkeit auf deine Schulterblätter und fühle oder betrachte mit deinem inneren Auge, ob die Flügel große, fedrige, schwanengleiche Gebilde oder eher wie sirrende und schöne Schmetterlings- oder Libellenflügel sind.

Betrachte auch deinen Körperbau: Inkarnierte Elementare haben einen schlanken Körperbau, einen schnellen Stoffwechsel und ein sensibles Nervensystem, während Inkarnierte Engel einen üppigen Körper, einen langsamen Stoffwechsel und ein sanftes, ausgeglichenes Wesen haben. Die Ausnahme bilden Meeresmenschen, die füllig und eine Mischung zwischen den beiden Ebenen der Engel und Elementaren sind, was im sechsten Kapitel ausführlicher beschrieben wird.

4. Wie stehe ich dem Thema Sucht gegenüber? Die meisten Inkarnierten Engel sind Co-Abhängige, während Elementare die Süchtigen sind. Elementare lieben Parties; Engel lieben es, jemanden zu retten! Die einzige Ausnahme besteht darin, dass viele Inkarnierte Engel süchtig nach Essen sind.

5. Welches Naturell habe ich? Elementare neigen dazu, ein feuriges, leidenschaftliches Temperament zu haben, während Inkarnierte Engel geduldig und ruhig sind (oder zumindest auf andere so wirken).

Andere Unterscheidungsmerkmale

Manchmal sind sich Inkarnierte Elementare unsicher, ob sie nicht doch von der Ebene der Weisen stammen könnten. Das liegt daran, dass Elementare ehemalige Vorleben und Beziehungen zu Magiern, Hexen und Zauberinnen hatten. Daher sind die Weisen den Elementaren sehr vertraut. Schließlich haben die Elementaren mitangesehen, wie die Hexen auf dem Scheiterhaufen verbrannt wurden, und sie können noch verbliebenen Schmerz aus diesem Zeitalter zurückbehalten haben, auch wenn sie selbst nicht den Feuertod starben. Es kann sein, dass sie noch innere Bilder von den Hexenverbrennungen in sich tragen und sie mit ihren eigenen Erinnerungen vermischen. Der Hauptunterschied zwischen den beiden Ebenen besteht jedenfalls darin, dass Elementare viel verspielter als Weise sind, die dazu neigen, besonders ernst oder sogar düster und streng zu sein.

Tatsächlich bringen sich Elementare manchmal in Schwierigkeiten mit ihrem merkwürdigen Sinn für Humor. Ihre Witze können unangebracht, beleidigend, gewagt oder einfach völlig unpassend sein. Aber eine der Aufgaben der Inkarnierten Elementare besteht darin, die Welt aufzuheitern, zum Lächeln oder Lachen zu bringen – auch auf ihre eigenen Kosten.

Im geistigen Reich der Elementare feiern die Feen, Elfen und ihresgleichen nächtliche Feste mit viel Tanz, Gesang, Geschichten-Erzählen und Gelächter. Sie kennen den spirituellen Wert der Verspieltheit und Freude!

Es ist nicht verwunderlich, dass ihre menschlichen Entsprechungen auch wissen, was richtig
Spaß macht. Inkarnierte Elementare werden oft En-
tertainer von Beruf, einschließlich Komiker, Schauspieler, Tänzer und Musiker. Einige Beispiele dafür
sind die Komiker Carol Brunet, Ellen DeGeneres,
Eddie Murphy, Robin Williams und Red Skelton; die
Schauspielerin Julia Roberts und das High Society
Girl Paris Hilton.

Beziehungsaufgaben für Inkarnierte Elementare

Die Elementare waren die Übergriffe des Menschen
auf die Natur, Tiere und Umwelt endlich leid. Als
winzige, geistige Wesen konnten sie nichts ausrichten, daher beschlossen sie, das Leben und den Körper eines Menschen anzunehmen, um mehr Einfluss
und Mitspracherecht bei der Reinhaltung der Luft,
des Wassers und Erdbodens sowie beim Schutz der
Tiere zu haben.

Um bei der Wahrheit zu bleiben sind Elementare
lieber in Gesellschaft von Pflanzen und Tieren als
von Menschen. Sie empfinden eine tief sitzende Wut
gegen den Menschen, weil er dem Planeten solchen
Schaden zufügt. Die geistigen Elementarwesen stehen in Verruf, böswillige Schlingel zu sein, aber sie
verhalten sich nur gegen Menschen so, die keinen
Respekt vor der Umwelt zeigen. Auf der anderen
Seite helfen sie gern Menschen, die recyceln, um-

weltfreundliche Reinigungsmittel verwenden, tierfreundlich sind und Mutter Natur achten. Einige der Witze von Elementaren sind latent aggressiv und begründet in ihrem Unverständnis über das rücksichtslose Verhalten und die Maßlosigkeit des Menschen.

In Liebesbeziehungen fühlen sich die Partner von Inkarnierten Elementaren aufgrund ihres komischen, musischen oder künstlerischen Talents angezogen. Aber während der Beziehung kann den Inkarnierten Elementaren vorgeworfen werden, »görenhaft«, »kindisch«, »nicht beziehungsfähig« oder »eigensinnig« zu sein. Sie legen dieselben Eigenschaften an den Tag wie die winzigen Elfen, Feen, Gnome und ähnliche Wesen. Im geistigen Reich der Elementare sind diese Wesen oft kokett und wechseln häufig ihre Partner. Inkarnierte Elementare können diese Charaktereigenschaften in ihren Beziehungen ebenfalls aufweisen.

Die Elementare sind viel weniger auf Menschen fixiert als die Inkarnierten Engel. Sie treffen sich gern mit anderen, um zu feiern, aber danach wollen sie lieber allein gelassen werden. Elementare neigen auch zu Drogenmissbrauch und Abhängigkeiten. Das heisst im Wesentlichen, dass Inkarnierte Engel Süchtige heiraten und Inkarnierte Elementare diese Süchtigen *sind*.

Viele Inkarnierte Elementare trifft man in helfenden Berufen an, die mit Menschen zu tun haben, aber gewöhnlich nur, weil sie eine »Berufung« dazu haben. Wie der Hobbit Frodo im Buch und Kinofilm *Der Herr der Ringe* sind Inkarnierte Elementare Helden wider Willen, die nur deshalb den Menschen helfen, weil sie es tun *müssen*, nicht unbedingt, weil sie es *wollen*.

Sie brauchen sehr viel Raum und Zeit für sich, besonders draußen in der Natur. Elementare können sehr schüchtern und einsam sein, selbst wenn sie bei gesellschaftlichen Anlässen extrovertiert auftreten. Sie scheinen sehr offen zu sein, was ihr Privatleben anbetrifft. Und doch hält sie etwas davor zurück, ihre tiefsten Geheimnisse preiszugeben, es sei denn, sie haben absolutes Vertrauen zu jemandem – und das ist sehr selten. Bei den Menschen in ihrem Leben können sie die Einstellung: »Aus den Augen, aus dem Sinn« haben. Mit anderen Worten: Wenn Inkarnierte Elementare mit einer Beziehung durch sind, sind sie *wirklich* durch damit.

Inkarnierte Elementare haben gelernt, anderen zu signalisieren, wenn sie nicht gestört werden wollen. Evie spricht für viele Elementare, wenn sie sagt: »Gewöhnlich kamen Fremde auf mich zu, um mir ihre Sorgen zu erzählen. Aber mit den Jahren habe ich mich ein wenig vor den anderen verschlossen, weil ich solche Probleme damit hatte, ihren Ballast auf mich zu nehmen.«

Inkarnierte Elementare sind wie Clowns, wenn sie sich wohlfühlen, besonders wenn andere lebenslustige Inkarnierte Elementare um sie herum sind. In Problemfamilien übernehmen sie oft die Rolle des »Maskottchens« und tragen dazu bei, ihre Familie aufzuheitern und sich wohler zu fühlen. Dennoch reagieren Inkarnierte Elementare äußerst sensibel auf Ablehnung, wodurch viele introvertiert und schüchtern werden oder sich gänzlich zurückziehen, wenn sie sich gesellschaftlich »unsicher« fühlen. Sie greifen oft auf Drogen oder Alkohol zurück, um sich bei gesellschaftlichen Anlässen wohlzufühlen.

Verglichen mit den anderen Ebenen der Erdenengel sind Inkarnierte Elementare eine körperlich robuste Gruppe, die über wenig Gesundheitsprobleme klagen, vielleicht weil Elementare dazu neigen, sich draußen aufzuhalten und in frischer Luft und bei Sonnenschein zu wandern und Sport zu treiben. Oder es liegt einfach an ihrem Optimismus, dass sie weniger oder überhaupt nicht anfällig für Krankheiten sind. Die einzige Gesundheitsstörung, die man aus den Berichten von Inkarnierten Elementaren entnehmen konnte, war ein hoher Verbreitungsgrad von Depression, und einige Inkarnierte Engel gaben an, dass sie in der Kindheit unter Asthma gelitten hatten. Das deckt sich mit Berichten darüber, dass Feen sehr sensibel auf Chemikalien reagieren, die durch Luft übertragen werden, und Pestizide in ihren Gärten und der Nahrung vermeiden sollten. Eine andere Ursache dafür könnte auch Platzangst sein, weil sie zu viel Zeit drinnen verbringen, und die Seele der Elementaren eigentlich sehr viel frische Luft braucht, um gesund zu bleiben.

Manifestation und Magie

Die geistigen Elementarwesen wissen, wie sie alles, was sie brauchen, manifestieren können. Das ist einer der Gründe, warum sie an ihre Aufgaben herangehen, als würden sie sich einer Blume zuwenden: mit spielerischer Freude. Die Elementare wissen, dass harte Arbeit kein Muss ist, um erstaunliche Ergebnisse zu erzielen – die Absicht und Aufrichtigkeit sind wichtiger für sie.

Inkarnierte Elementare scheuen oft harte Arbeit und können daher für Nichtstuer gehalten werden, die lieber unter Leute gehen, anstatt zu arbeiten. Sie erinnern sich unwillkürlich an Lebzeiten im geistigen Reich der Elementarwesen, wo sie materielle Güter wie Essen, Kleidung, Gold, Häuser usw. aus der bloßen Luft manifestieren konnten. Daraus ergibt sich, dass viele Inkarnierte Elementare sich wie Außenseiter in der Alltagswelt der Menschen fühlen und beginnen, stattdessen Armut für sich zu manifestieren.

Die Inkarnierten Elementare, die ich getroffen habe, schienen entweder in Reichtum zu schwelgen oder an Hunger zu darben. Mir begegnen selten Inkarnierte Elementare, die materielle Sicherheit erlangt haben, außer sie arbeiten bewusst an einem Prozess der Manifestation, so wie in John Randolph Prices *The Abundance Book* (Hay House Verlag). Dann entfaltet sich Magie! Elementare – wie die Ebene der Weisen – haben magische Fähigkeiten zur Manifestation. Wenn sie sich diese zunutze machen, können sie mit diesen Fähigkeiten die Zeit und andere physikalische Gesetze beugen und rasch Manifestationen und Wunder bewirken.

Inkarnierte Elementare haben Feen, Elfen oder Leprechauns als Geistführer bei sich; und sie können sich dieser wohlwollenden Helfer jederzeit bedienen, indem sie einfach nur den Gedanken denken: *Bitte helft mir!*

Elementare und Natur

Inkarnierte Elementare sind echte Wesen der Erde und ihrer Seele. Sie haben große Schwierigkeiten, über längere Zeit drinnen zu bleiben. Während Inkarnierte Engel sich wohlfühlen, in großen, fensterlosen Gebäuden zu arbeiten, wäre dies fatal für die Inkarnierten Elementare. Sie *müssen* draußen in der Natur sein, oder sie werden depressiv. Die glücklichsten Elementare sind diejenigen, die Berufen nachgehen, bei denen sie sich im Freien aufhalten können, wie zum Beispiel als Wanderführer, Betreuer von Zeltlagern, bei der Arbeit in Baumschulen oder als Förster, Gärtner oder als Dogwalker. Wenn Inkarnierte Elementare drinnen arbeiten müssen, sollten sie ein Büro verlangen, dessen Fenster auf einen Park oder ein Stück Rasen zeigen. Elementare sind ebenfalls glücklich, wenn ihr Büro voller Zimmerpflanzen aller Art, Kristallen und Blumen ist. Wenn sie Aufnahmen mit Naturgeräuschen wie Vogelgezwitscher, Meeresrauschen, Regen und Ähnlichem abspielen, ist das ebenso wohltuend. Außerdem sollten sie in ihren Büros Fotos ihrer Lieblingstiere und Feen- oder Elfenfiguren aufstellen. Aromatherapie mit echten (nicht synthetischen) ätherischen Pflanzen- und Blütenölen hilft den Elementaren dabei, in Verbindung mit Mutter Erde zu bleiben, selbst wenn sie sich drinnen aufhalten. (Diese Öle sind in den meisten Naturkostläden und esoterischen Buchhandlungen zu bekommen.)

Während der Pausen sollten Inkarnierte Elementare unbedingt draußen einen Spaziergang machen, auch bei unfreundlichem Wetter. Elementare brauchen frische Luft mehr als alle anderen Ebenen; und diejenigen, die in Industriegebieten ohne Baum und Strauch arbeiten, können eine zeitlang die Formationen der Wolken betrachten, da Elementare Augenkontakt mit der großartigen Schönheit der Natur brauchen. Die Natur und der freie Himmel sind ihre Kirche – und dort fühlen sie sich Gott am Nächsten.

Ein Inkarnierter Engel namens C.C. schwärmt: »Ich werde so energetisiert und belebt in jeder bewaldeten Gegend mit Wasser. Ich kann unter einem Baum sitzen und spüren, wie die wohltuende Erdenergie direkt durch mein Wurzelchakra dringt. Ich fühle mich am sichersten, wenn ich wirklich ich selbst sein kein, ohne jegliche Störung, außer der sanften Berührung einer Brise oder dem Geräusch der Vögel, die ihre Melodien zwitschern. Es ist, als ob der Geruch des Waldes mir Kraft einflößt und mich ganz von selbst in Hochstimmung versetzt. Ich könnte die ganze Welt erobern, sobald ich nur dort bin. Es ist die großartigste Vereinigung mit der Natur. Die Sonnenwärme tut so gut. Und es ist wirklich etwas ganz Besonderes und eine Auszeichnung für mich, dass die Natur ihr reiches Wissen mit mir teilt. Ich bin in der Lage, all diese banalen, alltäglichen Dinge zu vergessen. Ich kann mich neu sammeln und zentrieren. Das wäre nicht möglich in einer dicht besiedelten

Gegend, nicht einmal an dem geheiligten Platz in meinem Garten. Das ist einfach nicht dasselbe.«

Die meisten der befragten Inkarnierten Elementare konnten ganz bestimmte Naturplätze nennen, an denen sie gern leben würden, während die anderen Ebenen weniger wählerisch darin waren, welche Art Gegend sie sich als Wohnort vorstellen konnten. Fast alle der Inkarnierten Elementare sagten einstimmig: »Ich *kann* nur in der Wüste leben«, »Ich *brauche* das Meer in der Nähe«, »Ich *muss* auf dem Lande wohnen« und so weiter. Wie bereits erwähnt, halten sich Elementare lieber bei Tieren, Pflanzen, Blumen oder in der Natur auf als in der Gesellschaft von anderen Menschen. Eine Inkarnierte Elementare erinnert sich an ihre Kindheit: »Ich war nie beliebt, das steht schon mal fest. Ich liebte die Natur und die Tiere, und das tue ich auch heute noch. Ich konnte stundenlang unter den 17 Fichtenbäumen spielen, die unser Grundstück umgaben. Ich zählte sie sogar jeden Tag nach, um sicherzugehen, dass auch ja keiner fehlte. Die Natur war mein bester Spielgefährte. Ich liebte plätschernde Bäche und hatte Spaß daran, übers Wasser von Stein zu Stein zu hüpfen.«

Tief in ihrem Innern sind Elementare wütend auf die Menschen, weil sie so lieblos mit der Erde umgehen und so passiv bei ihrer Reinhaltung sind. Es sei denn, sie finden einen Gefährten, der verständnisvoll und verspielt ist, oft in der Form eines anderen Inkarnierten Elementaren.

Da Elementare sich inkarnieren, um einflussreicher bei der Hilfe des Pflanzen-, Mineralien- und Tierreichs zu sein, ist ihre Lebensaufgabe fast immer mit Umwelt- oder Tierschutz verbunden. Das kann bedeuten, dass sie diese Werte anderen vermitteln; oder sich direkt in Kampagnen einbringen, in der Forschung, Landschaftspflege oder bei Aufräumarbeiten.

In der Tat ist es sehr wichtig für Inkarnierte Elementare, sich bei solchen Aktionen oder Tätigkeiten zu engagieren, um einen Sinn im Leben zu erkennen. Darüber hinaus fühlen sich Elementare am wohlsten, wenn sie selbst konkrete Schritte unternehmen, um die Umwelt zu verbessern, wie zum Beispiel recyceln oder umweltfreundliche Reinigungsmittel verwenden, die man in Naturkostläden erhält.

Als ich eine Inkarnierte Elementare fragte, was sie als ihre Lebensaufgabe ansehen würde, spiegelte ihre Antwort das wider, was viele der Elementaren, die ich getroffen und interviewt hatte, meinten: »Meine Aufgabe ist es, den Menschen beizubringen, wie sie die Erde und ihre Lebewesen schützen. Ich sehe ein großes Problem für den Planeten durch die Gier und Selbstherrlichkeit des Menschen. Wir müssen alles tun, was in unserer Macht steht, um die Pflanzen und Tiere zu retten, bevor es zu spät ist. So vieles ist schon verloren gegangen. Und so vieles ist in Gefahr. Vielen unserer Mitgeschöpfe läuft die Zeit davon, weil der Mensch denkt, dass er erhaben über die anderen Lebewesen ist. Wenn wir weiterhin alles planieren und zubauen, wegwerfen und vertilgen, werden wir keinen Dank ernten für das Ödland, das wir hinterlassen.«

Jede Ebene der Erdenengel entwickelt einen hohen Grad an Kreativität. Daher ist es nicht verwunderlich, dass Inkarnierte Elementare Kunstwerke aus der Natur gestalten. Eine Inkarnierte Fee erzählte mir: » Ich mache gern Dekorationen und Ornamente aus Blumenkapseln, Blättern, Kienäpfeln, Nüssen und getrockneten Blumen. Schon als Kind habe ich draußen winzige Häuser und Möbel für das Kleine Volk gebaut.«

Leidenschaftliche Naturverfechter

Da die Elementaren Gottes Naturengel sind, ist es keine Überraschung, dass sie nahezu besessene Naturverfechter sind, die sich für den Schutz von Tieren, Pflanzen, Boden und Wasser einsetzen. Viele der befragten Inkarnierten Elementaren erzählten mir, dass sie schon Kopf und Kragen riskiert hatten, um ein Tier, einen Baum oder ein anderes Naturelement zu schützen:

E. J. schreibt: »Ich werde regelrecht wütend, wenn andere Mutter Erde und ihre Geschöpfe geringschätzig behandeln. Wenn ich am Steuer meines Wagens sitze und einer meiner Freunde eine Zigarette aus dem Fenster wirft, fahre ich an den Rand und zwinge ihn, seine Zigarette aufzuheben und ordentlich zu entsorgen.«

Devon (nicht ihr richtiger Name) erinnert sich: »Eines sonnigen Tages saß ich in meinem schönen Büro, das Fenster bis zur Decke hat. Ich betrachtete gerade die herrlichen Bäume und Büsche und die sanft geschwungenen Hügel direkt hinter dem Parkplatz, als ein fremder Pickup-Laster darauf bog. Ein Mann, der nicht in unserem Gebäude arbeitete, hielt an, um dort sein Mittagessen zu verzehren. Das war kein Problem.

»Als er jedoch seinen großen Getränkekarton in einen blühenden Busch neben seinem Laster warf, *wurde* es ein Problem. Sobald ich dies sah, kochte eine Art Urwut in mir hoch (ich bin normalerweise ein stiller, ruhiger und ausgeglichener Mensch). Ich schnappte mir eine Kollegin und zischte, ›Komm mit raus!‹ Ich glaube, ich brauchte moralischen Beistand für das, was ich vorhatte.

»Ich rannte zu dem Laster von dem Kerl und schrie: ›Was für ein Mensch sind Sie, dass Sie Ihren Müll einfach in einen Busch werfen?!‹ Er hatte nur ein höhnisches Grinsen für mich übrig. Ich stürmte den dicht mit Gestrüpp bewachsenen Abhang hinunter – mit nackten Beinen – und holte den Becher zurück, wobei ich mir gehörig die Beine aufschrammte. In einem Anfall von ungezügeltem Zorn warf ich den Becher durch die heruntergekurbelte Scheibe in seinen Wagen und brüllte ihn an, er solle sofort das Gelände verlassen oder ich würde die Polizei rufen. Mit quietschenden Reifen raste er vom Parkplatz und überschüttete mich beim Wegfahren mit einem Haufen unflätiger Schimpfworte.

Meine Kollegin starrte mich nur fassungslos an, da sie mich in den fünf Jahren, die sie mich kannte, nie zuvor so erlebt hatte. Sie stammelte: ›Du bist verrückt. Er hätte einen Revolver ziehen und dich abknallen können.‹

Ich erkannte, dass sie recht hatte, aber es war mir

egal. Ich konnte nicht zulassen, dass mein Freund, der blühende Busch, so behandelt würde – jedenfalls nicht, während ich Zeuge davon war.«

Pamela erinnert sich: »Als ich etwa 19 Jahre alt war, wurde ich mir bewusst, dass ich eins mit der Natur bin. Ich hatte eine Biene, die auf der Fensterbank in der Falle saß, mit Glasreiniger besprüht und war plötzlich durchzuckt von dem Gedanken: *Welches Recht habe ich, sie zu töten?* Ich brachte die Biene schleunigst nach draußen vors Haus, legte sie auf den Boden und begann sie mit Wasser abzuspülen. Meine Mutter dachte, dass ich den Verstand verloren hätte, weil ich mich ehrfüchtig über eine tote Biene beugte und sie wiederbeleben wollte. Von diesem Moment an habe ich nie wieder ein Insekt getötet. Vor Kurzem habe ich einen Ameisenschwarm behutsam mit dem Besen in meiner Wohnung zusammengekehrt und nach draußen gebracht. Dann bat ich die Ameisen höflich, nicht mehr wiederzukommen, und eine Woche später hatte ich keinen Besuch mehr von ihnen.«

Die verschiedenen Arten von Elementaren

Wie bereits erwähnt, sehen Inkarnierte Elementare genauso aus wie ihre Entsprechungen in der geistigen Welt der Elementare. Sie sind größere Ausgaben von Feen, Elfen und Leprechauns und so weiter. Hier sind ein paar Beispiele der verschiedenen Arten der Elementare:

• **Feen:** Jenny ist einen Meter fünfzig klein, mit einer schlanken Figur, einem hübschen Gesicht, großen Augen und langem welligen Haar, das ihr bis zur Hüfte reicht. Alles an ihr schreit, »Fee!« und Jenny sieht aus, als könnte sie ein Modell für Feenbilder und –figuren sein. Außerdem ist sie süß, bescheiden und schüchtern – eben wie eine Fee. In der Tat hat Jenny eine so tiefe Verbindung zu der Ebene der Feen, dass sie beruflich Engel- und Feen-Readings gibt und dabei oft meine *Die Heilkraft der Feen*-Orakelkarten benutzt. Sie rät ihren Klienten, Zeit in der Natur zu verbringen, um ihre Energie aufzuladen, und fügt hinzu: »Denken Sie daran, ständig die Engel und die Feen anzurufen, damit sie Ihnen bei jedem Aspekt Ihres Lebens und Ihrer Mission helfen. Und betrachten Sie sich selbst mit einem zwinkernden Auge – seien Sie nicht so ernst! Bitten Sie die Feen, Ihnen zu helfen, Zauber und Magie in die Ereignisse Ihres Tages zu bringen und in Ihr Leben überhaupt.‹«

• **Elfen, Kobolde und Brownies (Heinzelmännchen):** Evie ist von Beruf Sängerin und Liedermacherin mit einer Himmelfahrtsnase und kurzem dunklen Haar. Sie sagt, »Die Leute finden, dass ich wie eine Elfe aussehe. Meine Spitznamen, als ich klein war, lauteten ›Glöckchen‹, ›Leichtfuß‹ und ›Klitzeklein.‹ Es passiert mir immer noch, dass die Zuhörer zu mir noch der Vorstellung kommen und mir erzählen, dass sie mich für eine Elfe halten. Dann muss es wohl so sein.«

- **Einhörner:** Brian (nicht sein richtiger Name) hat einen vorstehenden Kiefer, markante Backenknochen, ausdrucksvolle Augen und ein eckiges Gesicht wie ein Araberpferd. Wie eine Erinnerung an die Mähne eines Einhorns, kleidet sich Brian in lange, wallende Hemden, die er über der Hose trägt, und auch sein Haar ist relativ lang. Wenn man Brian eingehender betrachtet, kann man das wunderschöne gewundene Horn eines Einhorns sehen oder fühlen, welches von seiner Stirn aufragt. In übersinnlichen Readings ließen Hellsichtige Brian wissen, dass seine Geistführer Einhörner sind. Das hat ihn nicht überrascht, da er schon immer eine gewisse Verbundenheit zu diesem bemerkenswerten Geschöpf gefühlt hat. Tatsächlich hat Brian viele Gegenstände, die das Bild eines Einhorns zeigen. Sein Charakter ist der eines Jägers – er verfolgt Gelegenheiten und Beziehungen, die auf Spiritualität gründen, und manifestiert mit Zauberhand neue Türen, die sich vor ihm öffnen. Brian sagt, dass er weiß, dass er ein Inkarniertes Einhorn ist – diese Botschaft haben ihm seine eigenen Geistführer und Engel vor langer Zeit überbracht.

- **Inkarnierte Tiere:** Barbara betrachtet sich selbst als eine »inkarnierte Katze«. Sie erzählt: »Ich fühle eine Kameradschaft zu Katzen und Pflanzen, und seit ich eine junge Frau von 20 Jahren bin, hat mein Haar schon diesen attraktiven Silberton. Mich umgeben eine Menge Hauskatzen, und ich bin in der Lage, mich wunderbar mit den Felinae und Pflanzen zu unterhalten. Ich kann nicht gerade behaupten, dass ich Menschen wirklich *mag*, aber ich helfe ihnen, wenn es sein muss, solange sie mich nicht in meiner Privatsphäre stören. Ich war schon immer eine Katze. Ich verehre sie und glaube, dass wenn die Energie des Universums eine Art Form hätte, es ein wunderbares Katzenwesen sein könnte. Wie eine Katze weiß ich instinktiv, ob eine Person etwas Böses im Schilde führt – zwar kann ich nicht genau vorhersagen, was für eine Tat es sein wird, aber ich spüre schon beim ersten Treffen, ob ein Mensch gute oder schlechte Absichten hat. Ich möchte der Welt sagen, dass wir uns gegenseitig respektieren sollten, die Tierwesen, und besonders unsere Erdenmutter ... die Umwelt.«

• **Inkarnierte Kristalle:** Nicht zu verwechseln mit den »Kristallkindern«, die hypersensitive und spirituelle Jugendliche sind, Inkarnierte Kristalle sind Seelen, die zuvor die Energie der Kristalle, Felssteine und anderer Mineralien der Erde bewohnten. Sie lieben es zu wandern und draußen zu sein, und sie sind sehr darauf bedacht, das Gestein und den Boden zu schützen.

Lebensaufgaben für Inkarnierte Elementare

Inkarnierte Elementare machen sich gut in künstlerischen oder Medienberufen, einschließlich der Musik- und Filmbranche, Comedy, Schreiben, Verlag, Tanz und Yoga. Da sie dazu neigen, optimistisch zu sein und wunderbar manifestieren können, geben sie auch mitreißende Motivationstrainer ab. Inkarnierte Elementare lieben es, ein Publikum zu haben und können gut Gruppen von Menschen unterrichten. Sie eignen sich auch für Berufe, die mit Natur zu tun haben, wie zum Beispiel Haustierbetreuung und -pflege; Gärtner oder Arbeit in einer Baumschule, Naturschutz und Forstarbeit.

Anleitung und Ratschläge, wenn du ein Inkarnierter Elementarer bist

• **Verbringe viel Zeit in der freien Natur.** Wie ich bereits mehrfach in diesem Kapitel hervorgehoben habe, ist es von wesentlicher Bedeutung für Inkarnierte Elementare, regelmäßig draußen zu sein, unabhängig vom Wetter. Das heißt, wenn dies deine Ebene ist, ziehe deine Schuhe und Strümpfe aus und gehe jeden Tag barfuß auf dem Gras oder Erdboden, um dadurch geerdet und in Verbindung mit der Erde zu bleiben.

• **Lache und spiele.** Elementare, die wenig spielen, werden depressiv. Daher halte nach Gelegenheiten Ausschau, um albern zu sein, Spaß zu haben und jeden Tag zu lachen.

• **Manifestiere bewusst.** Betrachte dich selbst als gesund, erfüllt, reich und geliebt. Rufe deine Entsprechungen im geistigen Reich der Elementare an, um dir bei der Manifestation deiner Wünsche zu helfen.

- **Wirf nicht mit Feuerbällen um dich.** Die Launen der Elementarwesen sind legendär, und Inkarnierte Elementare bilden davon keine Ausnahme. Wenn du einen Wutanfall bekommst, sei auf der Hut, weil du buchstäblich mit Feuerbällen aufgeladener Emotion um dich wirfst! Diese Feuerbälle können allen, denen dein Zorn gilt, emotionalen und physischen Schmerz zufügen. Deine Kraft ist wie die eines Vulkans; wenn du ausbrichst, sei also bitte vorsichtig. Außerdem hat dies zur Folge, dass die Energie wie ein Bumerang zu dir zurückkommt und schmerzvolle Auswirkungen bei dir selbst hervorruft. Wenn du feststellst, dass du versehentlich einen Feuerball geworfen hast, lösche unverzüglich seine Kraft aus, indem du die geistigen Elementarwesen zu Hilfe bittest.

- **Entgifte.** Du bist effektiver bei der Manifestation mit der hohen und stabilen Energie der Klarheit. Du wirst dich außerdem glücklicher und gesünder mit einem giftfreien Körper und Geist fühlen.

- **Setze dich für den Umweltschutz ein.** Leiste ehrenamtliche Arbeit oder spende Geld an Wohlfahrtsvereine, die sich mit der Reinhaltung der Erde oder dem Tierschutz befassen. Recycle gewissenhaft und leiste dir ungiftige Reinigungsmittel und umweltfreundliche Produkte.

VIERTES KAPITEL

Sternenmenschen

Hollywood-Filme und Sensationsromane stellen Außerirdische gewöhnlich als gefährliche Eindringlinge dar. Jedoch aus der Sicht der Außerirdischen sind es die Erdlinge, von denen Gefahr droht – und zwar im solchem Ausmaß, dass viele Außerirdische dazu aufgerufen wurden, einen menschlichen Körper anzunehmen, um zu versuchen, die Massenvernichtung aufzuhalten. Wir nennen diese wohlmeinenden Helfer die *Sternenmenschen*.

Gott sei gedankt für die Sternenmenschen. Sie kamen aus physischen und nichtphysischen Galaxien zu uns und haben ein Erdenleben auf sich genommen, um Freundlichkeit zu verbreiten, wo ein Mangel daran besteht. Ihre gemeinsame Liebenswürdigkeit trägt dazu dabei, Wut, Anspannung und Zorn zu beschwichtigen, die allesamt zu einem nuklearen Krieg führen könnten. Wäre die Erde erst zerstört, würden sich die negativen Auswirkungen in Schockwellen über viele Galaxien ausbreiten. Daher ist die Bestimmung der Sternenmenschen, einen nuklearen Krieg um jeden Preis zu verhindern. Der Hauptweg zu diesem erhabenen Ziel führt über den Ausdruck

der Freundlichkeit und des guten Benehmens gegenüber anderen – eine Art Domino-Effekt.

So lächeln Tag für Tag die Sternenmenschen still
vor sich hin, wenn sie uneigennützige Taten für die
Menschen vollbringen, die ihren Weg kreuzen. Diejenigen, denen sie helfen, bemerken sie kaum, weil
die Sternenmenschen kein Lob für ihre Dienste er-
warten. Diese Handlungen entspringen ihrem tiefen
Bedürfnis – als ob eine Art innere Programmierung
sie dazu antreibt. Es interessiert sie überhaupt nicht,
dass die Leute ihnen kaum danken.

Sternenmenschen sind immer dort zur Stelle, wo
Freundlichkeit nötig ist. Sie sind Prüfer für Lebens-
mittelläden, Postangestellte, Bankkassierer und Kun-
denbetreuer. Mit ihrem unauffälligen Äußeren und
Wesen ziehen Sternenmenschen es vor, »hinter den
Kulissen« zu wirken. Ihre Mission verlangt keine
große Öffentlichkeit. Im Gegenteil: Sternenmenschen
sind »geheime« Wohltäter, die hoffen, dass niemand
sie bemerkt.

Für viele Sternenmenschen ist dies das erste Erdenleben. Und da dieser Planet so gewalttätig ist,
sowohl emotional als auch körperlich, fühlen sich
Sternenmenschen häufig davon überschüttet und
wünschten, nach Hause zurückkehren zu können.
Nicht zuletzt ist die Erde einer der turbulentesten
Planeten des Universums, und in der Tat haben uns
die Mächte des Universums bereits isoliert, damit wir
keinen anderen Planeten schaden. Die Erde wird als
so gefährlich eingestuft wie ein Teenager auf Drogen,
der mit einer geladenen Waffe herumhantiert.

Da es die meisten Menschen aufregen würde,

dass Außerirdische sich bei ihnen einmischen – egal wie wohlgesonnen sie auch sein mögen –, haben diese mächtigen und sanften Wesen beschlossen, menschliche Gestalt anzunehmen und unter uns zu wandeln. Im Inneren sind sie jedem anderen gleich: wunderschöne Funken göttlichen Lichtes, erschaffen vom selben Schöpfer. Da sie jedoch ihre bisherigen Leben an nichtirdischen Orten verbracht haben, können Sternenmenschen vom Aussehen und Verhalten sonderbar wirken.

Durch ihre Unbeholfenheit in der Gesellschaft, aufgrund ihrer mangelnden Erfahrung mit dem Leben auf der Erde, kann es dazu führen, dass sich Sternenmenschen von anderen abgelehnt fühlen. Viele der Sternenmenschen, die ich für dieses Buch interviewt habe, berichteten von Erlebnissen, wie sie als Kinder auf gehässige Art und Weise geärgert wurden und manchmal sogar noch als Erwachsene.

Diese Erfahrungen machen die Sternenmenschen erst recht krank vor Heimweh nach einem Planeten, auf dem sie sich wohlfühlen und dessen gesellschaftliche Regeln ihnen vertraut sind. Sternenmensch Linda erinnert sich: »Als ich ein Teenager war, saß ich gewöhnlich draußen vor dem Haus und betete darum, dass endlich ein UFO käme, um mich von hier wegzuholen und heimzubringen.«

In einer ähnlichen Weise beschreibt Sternenmensch Scott seine Gefühle: »Bildlich gesprochen saß ich auf gepackten Koffern und wartete darauf, für immer nach Hause zurückzukehren. Ich würde es besser finden, von der anderen Seite als Lenker zu arbeiten. Ich kann mich erinnern, dass ich bevor ich hierher kam auf einem anderen Planeten lebte und gebeten wurde, in dem gegenwärtigen Spiel auf diesem Planeten mitzuwirken.«

Sternenmenschen haben oft charakteristische äußere Merkmale, wodurch sie sich von anderen abheben. Die männlichen Sternenmenschen sind oft überdurchschnittlich groß und dünn, während die weiblichen Sternenmenschen klein von Statur sind, entweder von schmalem oder stämmigem Körperbau. Natürlich gibt es Ausnahmen, aber im Allgemeinen ist der Körper von Sternenmenschen – wie auch ihr Leben – gewöhnlich jenseits der Norm, was sowohl Größe als auch Gewicht anbelangt.

Die Gesichter der Sternenmenschen können lang und schmal sein, besonders wenn sie einen hochgewachsenen und schlanken Körper haben. Sternenmenschen, die zierlich sind, haben ein runderes Gesicht. Anscheinend beeinflusst der Heimatplanet ihre jeweilige körperliche Erscheinung.

> Sternenmenschen haben ungewöhnlich aussehende Augen, durch eine eigenartige Farbe der Iris oder eine bemerkenswerte Form der Augen oder Augenlider.

Allen Sternenmenschen ist gemein, dass Farbe und Form ihrer Augen ungewöhnlich ist. Es ist normal bei Sternenmenschen, dass sie sichelmondförmige Augen haben, wie ein umgedrehtes »U«. Ihre Augen sind oft von grauer, grüner oder schwärzlichbrauner Farbe und scheinen von innen heraus zu leuchten, als ob sie ein helles Licht in sich tragen würden. Sternenmenschen können auch einen Ring von hellerer Farbe am Rand ihrer Pupillen haben.

Da Sternenmenschen ungern Aufmerksamkeit auf sich ziehen, tragen sie Kleidung, die bequem und zweckmäßig ist anstatt modisch oder auffällig. Weibliche Sternenmenschen verwenden ein Minimum an Make-up und treiben keinen Aufwand mit ihrer Frisur. Eine Sternenfrau, die sogar Friseurin von Beruf war, räumte ein, dass sie bei sich selbst kaum Zeit auf Haarfarbe oder Schnitt verwendete!

Sternenmenschen haben oft eine widersprüchliche Persönlichkeit: Einerseits sind sie eifrig dabei, anderen freiwillig zu helfen, andererseits wirken sie zurückhaltend und distanziert und können von ihrer Umgebung als »kalt« wahrgenommen werden. Sie sind hier, um behilflich zu sein, ohne sich währenddessen näher mit dem Ablauf von Gefühlen und Empfindungen auseinanderzusetzen, die ihnen fremd sind. Aufgaben zu erfüllen ist wichtiger für sie als der Aufbau von Beziehungen.

Sternenmenschen lieben Technik, und sie sind gewöhnlich die Ersten, die die neuesten Geräte haben (oder sie erfinden). Sie sammeln hypermoderne mobile Email- und Telefonanlagen sowie anderen technischen Schnickschnack. Teil ihres kollektiven Seelenzwecks ist, die technische Genialität für den Fortschritt der Wissenschaft und der Menschheit zu fördern.

Interessanterweise gibt es gar nicht so viele berühmte Persönlichkeiten, die Sternenmenschen sind, aufgrund ihrer Vorliebe, im Hintergrund zu bleiben. Ein Sternenmensch würde wahrscheinlich eher Regie bei einem Film führen, anstatt eine Hauptrolle darin zu übernehmen. Dennoch hält man Oprah Winfrey und Keanu Reeves für Sternenmenschen mit hochgeistigen Zielen, die sich die Medien als Lehrinstrument zunutze machen.

Es gibt einige, die glauben, dass der Film *Die Matrix*, in dem Reeves die Hauptrolle spielt, eine Vorwarnung darstellt, die uns auf die Gefahr der Abhängigkeit von der Technik hinweist.

Viele Sternenmenschen fragen sich, was ihre Lebensaufgabe ist, und sind erleichtert, wenn sie erfahren, dass sie daraus besteht, hilfreich auf einer fortwährenden und undefinierten Grundlage zu sein – mit anderen Worten zu helfen, auf welche Art auch immer es gerade nötig ist. Es gibt keinen bestimmten »Beruf« oder eine bestimmte »Aufgabe«, denen sie während ihres Lebens nachgehen müssen, solange sie nur ihr Bestes tun, den finsteren Blick der Menschen in ein Lächeln zu verwandeln.

Sternenmensch Kath sagt: »Ich habe den Eindruck, dass ich hier hingestellt wurde, um allem und jedem zur Verfügung zu stehen, die meinen Beistand brauchen. Nicht ein einziger Tag vergeht, ohne dass jemand meine Hilfe in Anspruch nimmt, in der einen oder anderen Form. Es war frustrierend, weil ich niemals einen ›richtigen Zweck‹ zu haben schien.« Kath war wie befreit, als sie erkannte, dass ihre andauernden Taten der Freundlichkeit und Hilfsbereitschaft tatsächlich *ihren* Zweck darstellten.

Verbindung mit Zuhause

Die meisten Sternenmenschen interessieren sich für UFOs, Leben auf anderen Planeten, Weltraumreisen und Außerirdische. Sie lieben die *Star Trek*-Fernsehserie (die alten und neuen Folgen), das Science-Fiction-Genre überhaupt und alles andere, was mit diesen Themen und Inhalten zu tun hat. Sie identifizieren sich völlig mit den Kinofilmen *K-Pax* (dtsch. Titel: *Wie von einem fremden Stern*) und *Man Facing Southeast*, zwei Filme über Sternenmenschen in einem menschlichen Körper, die die Ärzte als wahnsinnig abstempelten, weil sie die Wahrheit über ihren nicht-irdischen Ursprung sprachen und die letzendlich in der psychiatrischen Anstalt landeten.

Als Kind entdecken Sternenmenschen, dass sie ein intuitives Wissen über Spiritualität haben. Viele von ihnen scheuen vor der herkömmlichen Religion zurück, weil sie ihnen begrenzt erscheint im Vergleich zu ihrem Verständnis von der unendlichen Weite des Geistes. Sternenmensch Terry meint: »Ich dachte bei Gott immer an eine universelle Intelligenz, die wesentlich größer war als das, was die konventionelle Kirche als gültig ansah.« Diese Weisheit hatte sie sich höchstwahrscheinlich durch viele Leben erworben, in denen das Bewusstsein und die Erfahrungen auf einer hohen Ebene gestanden hatten. Viele Sternenmenschen erinnern oder glauben sich zu erinnern, dass sie in diesem Leben schon an Bord eines Raumschiffes waren. Einige der befragten Sternenmenschen kannten sogar ihre Heimatplaneten. Natürlich ist das kein Gesprächsthema, das man in höflicher Runde anschneidet. Wir erinnern uns, dass sie ziemlich normal aussehende Leute sind und wissen, dass sie nicht von der Erde stammen. Sie sind jedermanns Nachbar von gegenüber oder die Kollegin und Ähnliches, was es umso spannender macht, ihre Geschichten zu hören. Hier sind einige davon:

• **MaryKay:** »Bei einer angeleiteten Visualisation hatte ich mich auf eine Seelenreise begeben, um etwas über meine Heimat herauszufinden. Jesus trat als mein Führer hinzu. Wir gingen tief ins Erdinnere hinein, und ganz plötzlich waren wir oben im Himmel. Wir erreichten schließlich einen enorm hellen Stern, so hell, dass ich wie geblendet niemanden sehen konnte. Dort fühlte ich die Liebe, nach der ich mein ganzes Leben lang gesucht hatte. Als ich fragte, wo ich mich befand, vernahm ich sogleich das Wort *Sirius* ... ich hatte niemals zuvor dieses Wort gehört oder von diesem Stern.«

• **Linda:** »Ich habe schon immer so ein Gefühl gehabt, dass ich von den Plejaden kommen müsste. Ich weiß noch nicht einmal, wie man das schreibt. Auch kann ich mir nicht erklären, wieso ich es weiß. Diese innere Gewissheit ist einfach da.«

• **Scott:** »Ich bin sicher, dass ich mein letztes Leben auf einem Planeten verbracht habe, der Zeron heisst. Soweit ich mich erinnern kann, hütete ich dort die Wälder. Ich hatte einen ziemlich großen Kopf und war riesig. Dieser Planet war dazu bestimmt, um sich zwischen den Unterrichtsstunden auszuruhen und zu entspannen. Es war sehr schön und grün dort, richtig üppig bewachsen. Ich habe mich dort ausgesprochen wohlgefühlt.«

Lebewesen, die auf anderen Planeten wohnen, haben eine wesentlich längere Lebenserwartung als die Erdenbewohner. Das hängt damit zusammen, dass sich ihr Körper physiologisch unterscheidet. Außerdem setzen sie sich keinem Stress, Umweltverschmutzung oder einer schädigenden Ernährungsweise aus, die bei einem irdischen Körper Abnutzungserscheinungen hervorrufen. Tatsächlich haben viele Außerirdische auf anderen Planeten nichtphysische Körper, weil dies derzeit das Beste für ihre Mission ist. Aber der Hauptgrund, warum die Lebewesen auf anderen Planeten ein längeres Leben haben, besteht darin, dass man mit einem langen Leben mehr lernen kann.

Das bedeutet, dass man ein Lebensalter auf einem anderen Planeten mit etwa drei oder vier Leben auf der Erde gleichsetzen könnte. Darum entscheiden sich einige Sternenmenschen während ihres »Auftrages« zwei oder mehr Erdenleben zu absolvieren. Sie bleiben immer noch Sternenmenschen, da sie die meiste Zeit ihrer Seelen-Vergangenheit auf nichtirdischem Gebiet verbracht haben.

Wenn sich Sternenmenschen einer Rückführung unterziehen, kann es dennoch sind, dass die Erinnerungen nicht ihre eigenen sind. Die Autorin und Rückführungstherapeutin Dolores Cannon hat diese bemerkenswerte Entdeckung bei der Arbeit mit einem Klienten namens Phil gemacht. Während der Rückführungen erinnerte sich Phil an verschiedene Erdenleben. Außerdem erinnerte er sich daran, auf einem ganz anderen Planeten als der Erde gewesen zu sein.

Über eine Reihe von Rückführungen fand Dolores heraus, dass das jetzige tatsächlich Phils erstes Leben auf der Erde war. Allerdings hatte er sich Erinnerungen an vergangene Leben aus einer Art übersinnlicher Bibliothek »ausgeliehen« *(die Akasha-Chronik, Anm. der Übersetzerin)*. Diese geliehenen Erinnerungen an andere Erdenleben halfen dabei, Phil abzupolstern und zu schützen, während er sich an die raue und derbe Erdumgebung anpassen musste. Ohne diese Vergangenheitserinnerungen an Gewalt, Konkurrenzkampf und Habgier wäre Phils Hirn schlichtweg überfordert gewesen. Dolores hat über Phil und seine Erlebnisse als Sternenmensch ein hervorragendes Buch mit dem Titel *Keepers of the Garden* (Verlag: Ozark Mountain Publishing) geschrieben.

Obwohl sich viele Sternenmenschen von ihren Heimatplaneten ausgesetzt fühlen, als ob sie hier auf der Erde, ohne ein Wort mitreden zu dürfen, abgesetzt wurden, halten sie immer noch Verbindung mit Zuhause. Es ist üblich bei Sternenmenschen, dass sie Außerirdische als Geistführer bei sich haben. Sie sind zusätzlich durch ätherische Kabel mit Raumschiffen verbunden. Und Sternenmenschen unternehmen regelmäßig Seelenreisen zu ihren Heimatplaneten oder Raumschiffen im Traum oder während der Meditation.

Energiearbeit und Sensibilität

Alle Ebenen der Erdenengel berichten von ihrer außergewöhnlich hohen Sensibilität auf die Energie von Menschenmengen, Leuten und Plätzen. Dennoch tendieren die Angehörigen der Sternenmenschen am meisten dazu, die Techniken der Energieheilung zu erlernen und zu ihrem Beruf zu machen. Es ist tatsächlich verblüffend, wie viele Sternenmenschen ihren Lebensunterhalt mit dem Einsatz ihrer Hände verdienen, ob durch Energieheilarbeit oder in anderen handwerklichen Berufen wie Landschaftsgärtner, im Bau- oder Friseurgewerbe, als Maniküre, Masseur oder auch Fließbandarbeiter.

Reiki scheint die erste Wahl bei der Energieheilarbeit unter den Sternenmenschen zu sein. Das liegt wahrscheinlich daran, dass die Reiki-Energie von den Plejaden herrührt und ein Geschenk an die Erdenbewohner ist. Interessanterweise sieht Reiki-Energie, hellseherisch betrachtet, wie dünne Bänder aus Regenbogenstreifen aus, und genauso sieht auch die Aura eines Sternenmenschen aus (die auf Aura-Fotos sichtbar wird). Diese Bänder, die wie Pole senkrecht aus dem Körper des Sternenmenschen herausragen, haben das Aussehen von zu Berge stehenden Haaren.

Sternenmenschen fühlen sich sehr von Symbolen, Codes, Hieroglyphen und der heiligen Geometrie angezogen. Daher war es voraussehbar, dass sie Reiki annehmen würden, weil die Heilmethoden verschlüsselte Symbole enthalten, die mit unterschiedlichen

Heilenergien schwingen. Gegen Ende meiner Angel Therapy Practitioner-Zertifizierungskurse bilden die Studenten verschiedene Gruppen, die ihrer Ebene der Erdenengel entsprechen. Sie sind dann eine Weile mit anderen Angehörigen ihrer Ebene zusammen und vergleichen die Notizen über ihre Gemeinsamkeiten und verbinden sich gewöhnlich mit gleichgesinnten Seelen. Oft interviewe ich die Angehörigen der Ebenen, um gewisse Strukturen bei ihnen aufzuzeigen. Bei einem der letzten Kurse stellte sich heraus, dass tatsächlich jeder Teilnehmer von der Ebene der Sternenmenschen ein Reiki-Meister war!

Sternenmensch Terry bemerkt: »Ich reagiere hochempfindlich auf Energie. Wenn ich Reiki anwende, kann ich förmlich die Energieschicht spüren, und sie zieht meine Hände dorthin, wo sie sein sollen, um die Blockaden zu lösen. Energie fühlt sich dicht für mich an, als ob ich Gummi hin- und herschiebe.«

Und Sternenmensch Nancy fügt hinzu: »Wenn ich Heilarbeit mache, heizen sich meine Hände enorm auf. Ich kann die aufgestaute Hitze in einer Problemzone des Patienten spüren, an dem ich gerade arbeite.«

Sternenmenschen und Beziehungen

Sternenmenschen können von Eltern geboren werden, die selbst keine Sternenmenschen sind. Diese Eltern müssen noch nicht einmal von einer Ebene der Erdenengel stammen. Als Folge daraus ist die

Familie unfähig, sich mit dem Sternenkind zu identifizieren, und der Junge oder das Mädchen fühlen
sich letztendlich abgetrennt von der Geburtsfamilie.
Sternenmensch Kathy blickt zurück: »Als Kind fühlte ich mich ständig allein und fremd, obwohl ich fünf
Geschwister hatte.«

In der Tat gibt es auf den meisten Planeten kein
Geburts- und Familiensystem, das mit dem auf der
Erde vergleichbar wäre. Dort werden die Lebewesen
gewöhnlich im Labor durch künstliche Befruchtung
erzeugt wie beim Retortenbaby. Die emotionale Bindung, die innerhalb der Familien hier auf der Erde
entsteht, ist auf anderen Planeten genauso unbekannt. Das ist ein Grund, weshalb Sternenmenschen
als freundlich aber distanziert empfunden werden.
Sie sind hilfsbereit, und doch ist da ein gewisser
Grad an unterschwelliger Kälte, die zu Tage tritt,
wenn jemand versucht, ein engeres Band zu ihnen
herzustellen. Man hat einfach nie das Gefühl, völlig
mit dem Sternenmenschen verbunden zu sein. Kein
Wunder: Die Sternenmenschen sind aufgabenorientiert und nicht beziehungsorientiert. Sie haben einen
Auftrag zu erfüllen und sind nicht darauf ausgerichtet, das Knüpfen von Beziehungen zu ihrer obersten
Priorität zu machen.

Sternenmensch Scott meint dazu: »Die Erkenntnis,
ein Sternenmensch zu sein, war eine Bestätigung für
mich, die mir half, einige meiner kälteren Wesens-
merkmale zu akzeptieren und die Distanz, die ich
manchmal gegenüber anderen empfinde.«

Sternenmensch Terry hat eine ähnliche Wahr-
nehmung: »Ich unterscheide mich in einer Art und

Weise, die viele nicht verstehen. Ich erlebe mich als Außenseiterin und sehr stark als Einzelgängerin. Die meiste Zeit wäre ich lieber allein als in einer Gruppe von Leuten mit all ihren Problemen.«

Das Zusammensein mit anderen Sternenmenschen ist ein Weg, um sich von anderen angenommen zu fühlen. Linda erzählt: »Mein Ehemann ist ein Sternenmensch wie ich, und genau deshalb sind wir hundertprozentig miteinander verbunden.«

Lindas Ehemann ist zwölf Jahre jünger als sie, und es hat den Anschein, dass viele weibliche Sternenmenschen Beziehungen mit jüngeren Männern haben. Ganz typisch äußern weibliche Sternenmenschen: »Ich weiß, dass dieser Mann von meinem Heimatplaneten stammt.« Manchmal wirkt sich dieser Altersunterschied störend darauf aus, eine offizielle Bindung einzugehen. Offensichtlich sind die männlichen Sternenmenschen erst einige Jahre nach den Frauen auf die Erde gekommen.

Wenn Sternenmenschen heiraten, haben sie nur sehr wenige Kinder. Viele Sternenmenschen gründen erst gar keine Familie. Linda sagt ganz unverblümt: »Ich bin 50 Jahre alt und habe mir die Gebärmutter entfernen lassen. Daher werde ich keine Kinder mehr bekommen können. Mir war schon immer klar, dass ich kinderlos bleiben würde – eigentlich war es mir so oder so egal. Wenn mein Mann welche gewollt hätte, gut. Und wenn nicht, wäre das auch in Ordnung gewesen. Aber irgendwie *wusste* ich einfach, dass ich keine Kinder kriegen würde.« Sternenmensch Terry räumt ein, dass sie nie das geringste Interesse daran hatte, was sie »konventionelle Familiendynamik« nennt.

Sternenmenschen haben oft Kaiserschnitt-Geburten. Vielleicht deshalb, weil auf anderen Planeten die vaginale Geburt gänzlich unbekannt ist, da Babys im Labor »vermehrt« werden. Tatsächlich sind viele Bewohner der anderen Planeten androgyn ohne ausgeprägte Geschlechtsmerkmale. Außerirdische Babys werden nicht auf irdische Weise durch sexuelle Vereinigung mit Spermien und Eizellen gezeugt, sondern stattdessen über einen Austausch von Energien und dem Schöpfungswillen – eine Methode, die im Kinofilm *Cocoon* geschildert wurde.

Sternenmenschen können einen »Vertrag« geschlossen haben, sich *nicht* zu verheiraten oder Kinder zu bekommen, während sie ein Erdenleben verbringen. Vermutlich fehlen ihnen bisherige Erfahrungen mit Familien- und Liebesbeziehungen, und sie haben überhaupt nicht daran gedacht, Heirat und Kinder in ihrem Erdenleben-Vertrag aufzunehmen! Eine Familie zu haben könnte der Mission des Sternenmenschen im Weg stehen und Karma erzeugen, das sie in den irdischen Inkarnationszyklen verstrickt halten würde.

Außerdem könnte dies das erste Leben eines Sternenmenschen sein, in dem er ein eindeutiges Geschlecht hat. Die weiblichen Sternenmenschen fühlen sich vielleicht unbehaglich in ihrem Frauenkörper und die männlichen wie jämmerliche Betrüger, die sich als Mann ausgeben. Jedoch wenn Sternenmenschen auf der Erde ankommen und glückliche Paare sehen, die Arm in Arm gehen, wünschen sie sich vielleicht, diese Erfahrung zu teilen. Manche Sternenmenschen können Ehe und Familie manifestieren, während andere feststellen, dass sie von dieser Art der Verbindung ausgenommen sind.

Der Umgang mit dem Leben auf der Erde

Wie bereits erwähnt, reagieren Sternenmenschen besonders sensibel auf Gewalt. Alle Ebenen der Erdenengel berichten, dass sie einen Widerwillen gegen Gewalt und Streit haben. Dennoch scheinen von allen Ebenen die Sternenmenschen am meisten vom Kämpfen in jeglicher Form abgestoßen zu sein. Linda bekennt: »Ich kann Gewalt nicht im Mindesten ertragen. Ich kann es nicht aushalten, wenn jemand nur seine Stimme erhebt. Es ist beinahe unerträglich für mich. Gewöhnlich treibt es mir die Tränen in die Augen, wenn mich jemand anschreit.« Die meisten der befragten Sternenmenschen erzählten mir, dass sie keine Nachrichten sehen, hören oder lesen, weil es sie zu sehr aufregt.

Die Sternenmenschen sehen ein mögliches Ende der Gewalt ... wenn friedliebende Männer und Frauen eine Position dagegen einnehmen durch Gebete oder angeleitete Handlungen. Solange harren die Sternenmenschen zuverlässig auf ihren Erdenposten aus und erfüllen ihre Mission als »feiner Kerl« und »feines Mädel« in allen Lebenslagen. Ganz tief im Inneren haben sie jedoch Heimweh nach dem friedlichen Leben, das sie einst an einem weit entfernten Ort gekannt haben.

Sternenmenschen, die gelernt haben, das Erdenleben zu meistern, sind der Meinung, dass es von Nutzen ist, mit anderen aus ihrer Ebene in Verbindung zu sein. Sie sind leicht zu entdecken, wenn man nach ihren verräterischen Körpermerkmalen Ausschau hält. Oder du kannst sicher sein, sie am Meer anzutreffen.

Jeder einzelne der befragten Sternenmenschen äußerte, dass Leben am Wasser ein *Muss* wäre. Ein Großteil der Taucher, die ich getroffen habe, sind Sternenmenschen, die der Welt des Alltags entfliehen, indem sie sich einige Zeit unter Wasser aufhalten.

MaryKay erklärt die Verbindung zwischen Sternenmenschen und Wasser so: »Ich habe erkannt, dass ich in der Nähe eines Gewässers leben muss, um in Balance zu bleiben. Ich gehe dorthin, um die Kraft dieser riesigen Wassermasse und der Wellen zu spüren und lade mich damit wie eine Batterie auf.« Und natürlich neigen Sternenmenschen dazu, an UFO-Treffen und Science Fiction-Studiengruppen teilzunehmen.

Hier sind einige weitere Kommentare von Sternenmenschen:

• **Sternenmensch Linda sagt:** »Mein Rat an andere Sternenmenschen lautet, dass es völlig in Ordnung ist, wenn ihr euch nicht auf der Erde heimisch fühlt … denn ihr seid es nicht. Gebt euch zufrieden mit dieser Tatsache. Ihr seid etwas Besonderes, weil ihr hergekommen seid, um diesem Planeten zu helfen, Frieden zu erlangen. Ihr habt gewählt, auf diesem Planeten zu sein, um ihn zu heilen.«

- **Und Scott empfiehlt den Sternenmenschen:** »Findet andere Gleichgesinnte und verbindet euch mit ihnen. Lächelt milde über den Wahnsinn, der euch umgibt. Vermittelt Toleranz und Geduld und besonders Liebe, denn es ist alles, was wirklich ist. Und denkt daran: Dieser Auftrag ist zeitlich begrenzt!«

Lebensaufgaben für Sternenmenschen

Sternenmenschen sind Multitalente und brauchen sich nicht auf einen einzigen Beruf hinsichtlich ihrer Lebensaufgabe beschränken. Sie können sich stattdessen in verschiedenen Berufen versuchen, nacheinander oder gleichzeitig. Sternenmenschen machen sich wunderbar als Reiki-Meister, Energieheiler, Massagetherapeuten, Chiropraktiker und Physiotherapeuten. Sie finden auch Gefallen an Forschungsarbeit, dem Ingenieurwesen und an der Tätigkeit als Support-Mitarbeiter. Nicht zuletzt ist es notwendig, dass die Sternenmenschen an die Ziele der Firma glauben, für die sie arbeiten, oder ihre Leistung wird miserabel sein. Sternenmenschen sind zuvorkommend, fleißig und geschäftstüchtig, werden aber dennoch als unnahbar oder kalt wahrgenommen. Auch ziehen sie es vor, hinter den Kulissen zu bleiben. Deshalb tun sie besser daran, allein zu arbeiten, zum Beispiel als Sprecher oder als Rezeptionisten.

Anleitung und Ratschläge, wenn du ein Sternenmensch bist

• **Mache dir bewusst, dass die kleine Taten der Freundlichkeit zählen.** Als Sternenmensch sorgst du dich wahrscheinlich um die Zukunft der Erde oder ob du »genug« tust. Es wird dir besser gehen, wenn du dich darauf besinnst, dass die Tausenden scheinbar kleinen Taten der Freundlichkeit, die du vollbringst, aufaddiert einen riesigen Beitrag ergeben, um einen friedlichen Planeten zu schaffen.

• **Finde andere Sternenmenschen.** Es ist unbedingt notwendig, dass du mit ähnlich gesinnten Leuten zusammen bist. Wenn du den Vorsatz fasst, anderen Sternenmenschen zu begegnen, wirst du sie in Kürze leicht in dein Leben ziehen. Du kannst Sternenmenschen auch in Internet-Boards und Chatrooms finden, die sich mit Außerirdischen und verwandten Themen befassen.

• **Erkenne deine Einzigartigkeit an.** Deine natürlichen Neigungen laufen denen vieler Erdlinge zuwider. Dein Schönheitsideal basiert mehr auf den inneren Werten statt auf Äußerlichkeiten – genau das Gegenteil von vielen Menschen. Deine Prioritäten sind mehr aufgabenorientiert anstatt auf Beziehungen ausgerichtet. Also, lieber Sternenmensch, würdige bitte deine Einzigartigkeit, bleibe standhaft bei deinen Glaubenssätzen und verschleudere deine Fähigkeiten nicht, indem du dich anzupassen versuchst.

FÜNFTES KAPITEL

Die Weisen:
Reinkarnierte Zauberinnen,
Hohepriesterinnen, Zauberer,
Magier, Schamanen und Hexen

Intensiv. Fremdartig. Exzentrisch. Die Weisen glühen von Innen heraus. Sie sehen aus wie Figuren aus einem Liebesroman mit ihrem zumeist langen, seidigen Haar, dem ovalen Gesicht und den eindringlichen Augen, umgeben von den Schatten eines gelebten Lebens. Erdenengel von dieser Ebene besitzen tiefe Weisheit und sind hochgradig intuitiv. Ihre Augen durchdringen alles, und es ist zwecklos, den Weisen etwas vorzumachen oder sie zu belügen, denn die Wahrheit liegt offen vor ihnen. Exzentrisch und auffällig wie sie sind, lieben es Weise, sich in fließende Gewänder zu kleiden, als Remineszenz an vergangene, romantische Zeiten. Da ist ein gewisser Hauch von Geheimnis, der jedes Mitglied dieser Ebene umweht. Es ist ganz offensichtlich, wenn man dem Blick der Weisen begegnet, dass sie *wissend* sind.

Wenn du in die Augen eines Weisen schaust, erkennst du tiefe Weisheit, Wissen und oft Kummer, ein Zeuge der Geschichte der Erde und der Menschheit zu sein. Sie können auch wohlverdiente Tränensäcke und Schatten unter den Augen haben.

Die Weisen sind Menschen mit Vorleben, in denen sie gelernt haben, ihre Kraft in Wunderheilungen und Manifestationen zu lenken, wie die Fähigkeit, das Wetter und Objekte zu beeinflussen (durch Levitation und Telekinese und dergleichen). Es handelt sich bei ihnen um überaus mächtige und erfahrene Magier der Menschheit, die aus dem »Ruhestand« in der geistigen Welt zurückgerufen wurden, um aufgrund der aktuell dringlichen Lage wieder zur Erde zurückzukehren.

Ihre Energie ist dunkler und massiver als die der anderen Ebenen der Erdenengel. Die Weisen haben eine düstere, ernste und zumeist niedere Energie, und sie sind manchmal ziemlich streng. In Beziehungen verhalten sie sich äußerst beharrlich in einer hilfreichen Weise. Sie sind die »Bühnenmütter« und Regisseure ihrer Freunde und Familienmitglieder, die immer wissen, welchen Weg sie am besten einschlagen sollten. Wenn jemand einen zuverlässigen Rat braucht, sollte er sich an einen Weisen wenden.

Während das Menschsein für die anderen Ebenen noch neu ist (oder sie im Vorleben Inkarnierte Engel, Elementare und dergleichen waren), sind die Weisen schon seit Ewigkeiten Mensch. Ebenso wie die anderen Erdenengel fühlen sie sich »anders«. Tatsächlich

verkünden einige Weise: »Ich *bin* anders und stolz
darauf!« Wie ein Inkarnierter Zauberer bemerkt:
»Als Kind erkannte ich, dass ich mich unterschied
und nicht dazu passte, und das brachte Schwierigkeiten mit sich – bis ich endlich begriff, dass meine
Einzigartigkeit ein Vorteil war. Ich gehörte nicht zur
Masse oder Norm; und als ich volljährig war, erfasste
ich, dass dies positiv war.«

Aus diesem Grund fühlen sich die Weisen in ihrem Erdenleben wohler als die Angehörigen der
anderen Ebenen. Sie sind realistisch, mitfühlend und
geduldig mit den Menschen, und sie haben gelernt,
ihre Zeit hier zu genießen. Die Weisen fürchten sich
nicht, ihren Blick auf die Schattenseite des Lebens zu
richten, wie die anderen Ebenen der Erdenengel es
tun. Die Inkarnierte Zauberin Linda spricht für viele
Weise, wenn sie sagt: »Ich weiß, dass ich anders als
andere Leute bin, aber trotzdem fühle ich mich nicht
wirklich als Außenseiterin, weil es mir im Grunde
genommen egal ist, ob die meisten Leute mich mögen oder nicht.« Diese Unabhängigkeit von der Meinung anderer ist ein wesentliches Kennzeichen der
Weisen.

Die Geschichte der Weisen

Der gemeinsame Nenner der Weisen ist die Anzahl
von Jahren, die sie mit dem Lernen verbracht haben,
sich ihre Zauberkräfte nutzbar zu machen. Manche
hatten aus eigenem Antrieb das Interesse am Über-

sinnlichen entwickelt, andere wurden bereits als Kind ausgewählt und in die spiritistischen Lehren eingeweiht. Die Weisen haben als Hohepriester und -priesterinnen in Atlantis gelebt, im antiken Griechenland und in Ägypten; während der Zeit von König Artus; bei den Mayas, den altjüdischen Essenern und als eingeborene Medizinmänner und weisen Frauen. Sie haben mit angesehen, wie Zivilisationen untergingen und Menschen wegen ihres Glaubens umgebracht wurden. Die Weisen kennen und verstehen die dunkle Seite des menschlichen Egos, aber sie haben eine noch größere Wertschätzung und Achtung vor den Großtaten, zu denen die Menschen fähig sind. Und das ist es, was sie in Wahrheit dazu veranlasst hat, zurückzukehren und zu lehren.

Auf der anderen Seite waren viele Weisen zufrieden mit ihrem Leben im Jenseits. Sie haben paradiesgleiche Gemeinschaften in der geistigen Welt hervorgebracht, voller Schlösser, Gärten und Wasserfälle. Alles schien vollkommen. Aber dann trat ein Kommittee von Führern an die Weisen heran, die bemüht waren, sie als »geistige Kämpfer« aus dem Ruhestand wieder in den Dienst zu berufen. Sie baten die Weisen auf die Erde zurückzukommen, um zu lehren und als Vorbild für Friedfertigkeit zu dienen und die Menschen daran zu erinnern, wie sie ihre innere Kraft und Stärke einsetzen sollten, um Harmonie hervorzubringen.

Einige der Weisen willigten nur widerstrebend ein, auf die Erde zurückzukehren. Als sie hier ankamen, fühlten sie die schwere Dichte der Energieströme. Ein paar Weise, die nicht mit diesem Klima umzugehen vermochten, verließen den Planeten umgehend durch ihren bewussten Freitod. Andere von ihnen passten ihre Energie notgedrungen an das Erdenleben an, aber waren deshalb niedergeschlagen oder verärgert.

Die ausgeglichensten Weisen waren diejenigen, die sich wieder dem Studium der erdbezogenen Spiritualität widmeten – wie zum Beispiel Astrologie, Wicca, kabbalistische Magie, Hermetik, Heidentum, Rituale, Edelsteinheilkunde, Kräuterkunde, Anrufungen mit Kerzen, Schamanismus und dergleichen.

Grethel meint, dass einer der Gründe, warum sie glaubt, eine Reinkarnierte Zauberin zu sein, mit »meinem frühen Interesse an Sprechgesang, Kräutern, Zauberstäben und rituellen Gerätschaften (Kerzen, Weihrauch, Wasser etc.) zusammenhängt. Als Kind hatte ich auch einen imaginären Freund, der ein Zauberer war. Als ob das nicht genug wäre, nannte meine Großtante mich früher »Zauberin«.

Angehörige der Ebene der Weisen haben Lebzeiten damit verbracht, ihre spirituellen und magischen Talente zu entfalten. Sie sind gut bewandert in den spirituellen Künsten der Manifestation, Alchemie und Heilung. Sie werden als hellsichtige Kinder geboren, die ihre Talente als Fluch ansehen können, besonders wenn sie eine bevorstehende »negative« Situation vorherwissen. Es kann sein, dass sich die Kinder die Schuld daran geben, ein Unglück nicht verhindert zu haben, obwohl sie es vorhergesehen haben. Dabei stellen diese hellseherischen Einsichten oft eine Gelegenheit für sie dar, darum zu beten.

Wenn man tatsächlich von ihnen erwartet hätte

einzugreifen, hätten sie klare Anweisungen bekommen, was zu tun wäre, um die Situation zu verhindern.

Die Mehrheit der Weisen, die von mir interviewt wurden, erinnerten sich lebhaft an Vorleben, in denen sie Hexen, Magier, Priester und dergleichen gewesen waren. Die meisten der befragten Weisen hatten starke Gefühlsausbrüche, was das Zeitalter der Hexenverbrennungen in den Jahren 1300 bis 1700 betrifft. Viele von ihnen haben vollständige oder bruchstückhafte Erinnerungen daran, verbrannt, erhängt oder auf andere Weise für ihre spirituellen Überzeugungen getötet worden zu sein. Sara zum Beispiel berichtet: »In meinem Gedächtnis sind Bilder, wie ich auf dem Scheiterhaufen verbrannt wurde, während die Schaulustigen schrien und mich verfluchten. Ich erinnere mich noch, dass ich grausam gequält worden bin.« Der »Wahn der Hexenverfolgungen« entstand aus dem allgemeinen Aberglauben, dass für alles Schlechte – von der Missernte bis zum kranken Kind – Hexerei verantwortlich zu machen sei. Es wurde beschlossen, dass der einzige Weg, um »das Böse« auszumerzen, das Verbrennen der Hexenbrut sei. Viele der weisen Frauen wurden von ihren Nachbarn, der örtlichen Regierung und Kirche verfehmt und verfolgt. Wäre man menschlicher gewesen, hätte man sie getötet, bevor sie an einen Pfahl gebunden und verbrannt wurden. Doch in Frankreich, Deutschland und der Schweiz kamen die meisten Hexen bei lebendigem Leibe in den Flammen um.

Sogar diejenigen, die damals verschont blieben, haben klare Erinnerungen an dieses Zeitalter. Sie kennen noch die Furcht vor der Inquisition, die Tempelritter und Katharer, die eine heidnische Gruppe Europas im 13. Jahrhundert darstellten und auf Geheiß von Papst Innocenz III. verfolgt und zu Tode gebracht wurden, und die vielen anderen Arten, über die sich die Hexenverfolgungen zeigten. Das Damoklesschwert hing über jedem in diesen Zeiten, und die Erinnerung daran beunruhigt die Weisen, wieder voll und ganz ihre spirituellen Talente einzusetzen.

Diese alten Erinnerungen haben zur Folge, dass viele Weise ihre großen Kräfte zurückhalten und nicht freizusetzen wagen! Aber der Grund, warum sie sich entschieden haben, zu dieser Zeit hier zu sein, ist der, diese spirituellen Werkzeuge zu benutzen und andere damit vertraut zu machen. Die Aufgabe eines Weisen bringt mit sich, die hellseherischen und spirituellen Heilfähigkeiten zu entstauben.

Und da wir uns nur glücklich und erfüllt fühlen, wenn wir unserer Lebensaufgabe nachgehen, ist es notwendig für die Weisen, diese Talente zutage zu fördern und zu entfalten.

Die Weisen haben eine besondere Affinität zum Reich der Elementare und umgekehrt. Nicht nur dass Feen und Elfen eine Rolle bei erdgebundenen spirituellen Praktiken spielen, zwischen den Elementaren und Weisen wurden tiefe Freundschaften geschmiedet. In der Vorzeit erkannten die Menschen die Vorzüge durch die Zusammenarbeit mit dem Reich der Elementare, aber die Kirche fühlte sich bedroht von der Macht außerhalb ihrer Mauern. So wurde mittels Kampagnen Stimmung gegen die

Feen, Elfen und andere Elementare gemacht. Auch heute fürchten sich noch viele Leute vor den schönen Elementarwesen.

Da die Elementare zu damaliger und heutiger Zeit so eng mit den Weisen verbunden sind, glauben manche Inkarnierten Elementare sogar, von der Ebene der Weisen zu stammen. Das hängt mit den geteilten Erfahrungen und Erinnerungen dieser beiden Ebenen zusammen. So kann sich eine weibliche Inkarnierte Elementare an die Hexenverbrennungen erinnern – nicht weil sie dabei umkam, sondern weil sie Zeuge des Verbrechens an ihren Freunden, den Weisen, war. Sie kann etwas durcheinanderbringen und annehmen, dass es ihre *eigenen* Erinnerungen an das Verbranntwerden sind. Dennoch liegen die Unterschiede der beiden Ebenen klar auf der Hand: Weise sind eher feierlich, finster und ernsthaft in Vergleich zu den verspielten, schelmischen Inkarnierten Elementaren. Die Weisen haben lange, ovale Gesichter und ziehen es auch vor, ihr Haar lang zu tragen (auch wenn sie es gegenwärtig aus beruflichen Gründen kurz schneiden müssen), während Inkarnierte Elementare runde Gesichter haben und meistens kurzes Haar haben (außer Inkarnierte Feen und Seejungfrauen). Männliche Weise tragen ihr Haar oft als Pferdeschwanz zusammengebunden oder mit Gel zurückgekämmt. Die Schauspieler Della Reese, Angelica Huston und Jimmy Smits sind beispielhaft für das Aussehen und die Intensität der Ebene der Weisen.

Die Weisen können sich exzentrisch oder romantisch kleiden und so die liebste Zeit ihrer Vorleben widerspiegeln. Weibliche Weise haben eine Leidenschaft für lange, fließende »Göttinnen-Gewänder« in dunklen Farben und schwere Halsketten mit Kristallen. Männliche Weise lieben gewebte Hemden aus natürlichen Stoffen oder im Stil der Renaissance. Die Männer können Anhänger mit spirituellen Symbolen um den Hals tragen, wie das Keltische Kreuz oder das Ohmzeichen. Die Weisen treiben sich gern in voller Kostümierung auf Mittelalterspektakeln herum, wo sie wieder die Höhen und Tiefen ihrer vergangenen Leben durchleben können.

Die Weisen haben Drachen, Magier und Göttinnen als Geistführer. Sie interessieren sich sehr für das Studium des Altertums, das als mythisch betrachtet wird, wie Avalon, Atlantis und Lemurien. Sie sammeln Zaubererfiguren und lieben Bücher und Kinofilme, die von Magie handeln, wie zum Beispiel die Trilogie *Der Herr der Ringe*, die *Harry Potter*-Romane und alles, was mit der Zeit von König Artus zu tun hat. Viele Weise sind auch versierte Geschichtsexperten.

Wie die Inkarnierte Hohepriesterin Marlies schreibt: »Ich liebe die griechische und ägyptische Mythologie. Ich kann mich ohne Weiteres mit Isis aus der ägyptischen Überlieferung identifizieren, und ich liebe Pallas Athene – die Göttin der Weisheit und des Krieges. Ich liebe die Geschichten von ihr und wie sie Odysseus Beistand leistete. Mit großer Begeisterung habe ich Alt-Griechisch studiert, und ich habe einen großen Bezug zu allen Göttinnen des Olymp.«

Die Weisen reagieren auch hochsensibel auf die Mondphasen – körperlich und emotional, ausgelöst von den Voll- und Neumond-Zyklen. Sie nehmen oft an »Vollmond-Zeremonien« teil und feiern die Tagundnachgleiche im Frühjahr und Herbst.

Muster, die man bei Weisen vorfindet

Interessanterweise kannte jeder der befragten Weisen sein astrologisches Sonnen- und Mondzeichen sowie seinen Aszendenten und Deszendenten. Dies war ein markanter Unterschied zu den befragten Angehörigen der anderen Ebenen, die oft noch nicht einmal ihr Sonnenzeichen und selten ihr Mondzeichen wussten. Offensichtlich sind die Weisen in Astrologie gut bewandert und weisen ein Verständnis für ihre Einsatzmöglichkeiten auf.

Ein Großteil der befragten Weisen hatte in der Vergangenheit oder Gegenwart mit Herz-Kreislauf-Erkrankungen zu tun. Mitralklappenprolaps-Syndrom, hoher Blutdruck Herzrasen, Herzrhythmusstörungen, Herzgeräusche und Herzattacken sind in dieser Ebene weit verbreitet. Ob dies vom Kummer in dieser Ebene herrührt, da sie die Erde und ihre Menschen so lieben und gleichzeitig ihre drohende Zerstörung vor Augen haben? Oder ist es noch der Schmerz von den Hexenverfolgungen, wo das Blut der Hexen dem Feuer übergeben und ihre Herzen von Pfählen durchbohrt worden sind?

Louise Hay sagt in *Heile deinen Körper*, dass die seelische Bedeutung, die sich hinter Herzproblemen verbirgt, »langjährige emotionale Probleme« sind.

Die Weisen haben über Jahrtausende emotionalen Schmerz von ihren vielen Erdenleben ausgehalten – was ja nun wirklich »langjährig« ist! Andere Ursachen für Herzprobleme sind nach Louise: »mangelnde Freude, Verhärtung des Herzens und der Glaube an Anspannung und Stress.«

Die Weisen, die ich getroffen habe, sind starke Persönlichkeiten und hart arbeitende Lehrer. Sie unterrichten pausenlos, oft indem sie den Menschen knappe, aber hoch philosophische Ratschläge geben. Wenn man jedoch in die Augen der Weisen blickt, offenbart sich einem die über Jahre aufgestaute Enttäuschung über ihre Schüler. Ein Weiser klagte mir kürzlich: »Wenn die Leute nur meinen Rat befolgen würden, könnten alle ihre Probleme verschwunden sein. Ich will nicht arrogant sein – aber ich *weiß* eben, was ihnen helfen würde. Dennoch ignorieren viele von ihnen den Vorschlag und wälzen sich weiter in ihrem Unglück.« Da es der Lebenszweck der Weisen ist, zu lehren und den Weg zu weisen, bricht ihnen die Enttäuschung über ihre missglückte Mission am meisten das Herz.

Ähnlich wie die Elementare scheren sich die Weisen nicht besonders um Regeln und Vorschriften. Doch während Elementare ausnahmslos erwischt werden, sobald sie die Regeln brechen, werfen sich die Weisen einen Tarnmantel über, der sie unsichtbar macht. Sie werden selten ertappt, wenn sie gegen eine Regel verstoßen. Und wenn doch, schieben sie vermutlich die Schuld auf die Elementare.

Die Weisen und Beziehungen

Die meisten Weisen sehnen sich nach einer magischen und mystischen Ehe mit einem Seelengefährten. Sie spüren vielleicht die flüchtige Präsenz einer verwandten Seele, die sie seit vielen Lebzeiten gekannt haben. Das führt zu einer andauernden Suche nach dem geliebten Wesen; und solange sie oder er nicht gefunden wurde, kann sich der Weise entschließen, ein einsamer Romantiker zu sein. Oder schlimmer noch: Der Weise kann versuchen, sich in einer unerfüllten Beziehung einzurichten.

In vergangenen Zeiten haben die Weisen unter Umständen ein Keuschheitsgelübde abgelegt. Diese ungebrochenen Schwüre können einem ins jetzige Leben folgen und einen verheerenden Schaden anrichten. Die Weise Audrey ist ein hervorragendes Beispiel. Ihr war bewusst, dass sie in einigen ihrer Vorleben sowohl eine Hexe als auch Nonne gewesen war. Als Hexe war sie an heidnischen Ritualen beteiligt, in denen sie der Erde, Natur und dem menschlichen Körper huldigte. Dazu gehörten auch Zeremonien, in denen Nacktheit und Sexualität eine Rolle spielten. Die regierenden Mächte zu dieser Zeit sahen diese Betonung des Körperlichen als ketzerisch an, und sie wurde auf dem Scheiterhaufen hingerichtet. In ihrem nächsten Leben war Audrey eine Nonne und legte ein Keuschheitsgelübde ab. Dennoch behielt sie ihre mystischen Interessen und Fähigkeiten. In ihrem jetzigen Leben wendet Audrey weiterhin Zaubersprüche an und versteht sich sehr gut darauf, wie man manifestiert. Ihr Liebesleben jedoch verkümmerte in einer sexlosen Beziehung mit einem impotenten Ehemann, der zu stolz war, sich medikamentös behandeln zu lassen oder Sexberatung in Anspruch zu nehmen. Als wir ihr Keuschheitsgelübde lösten, konnte sie ihre Sexualität wieder aufleben lassen.

Somit tun die Weisen ihr Bestes für ihr Liebesleben, wenn sie ihre bemerkenswerten magischen Kräfte einsetzen, um die Liebe zu manifestieren, die sie suchen. Selbst wenn ihre große Liebe derzeit nicht inkarniert ist und in den geistigen Sphären zwischen den Leben weilt, können sich die Weisen dennoch wunderbare erfüllende Beziehungen dank der Macht ihrer gezielten Absicht erschaffen.

Die Weisen sollten sich möglichst mit Freunden umgeben, die sie respektieren und bewundern. Ansonsten kann es sein, dass die Weisen Freunde haben, die nur ihre ratsuchenden »Kunden« sind. Diese »Freundschaften« sind einseitig, mit den Weisen als Lehrer und dem Freund als ewiger Student. Den Weisen wird dadurch nie die Gelegenheit gegeben, ihre eigenen Sorgen anzusprechen, weil sie in der Rolle des starken und kompetenten Ratgebers festsitzen.

Den Weisen wird oft vorgeworfen, Besserwisser zu sein. Dieser Vorwurf enthält sogar ein Körnchen Wahrheit, denn die Weisen sind an das allwissende kollektive Unterbewusste angeschlossen. Sie sind außerdem im hohen Maße hellsichtig. Linda, eine Reinkarnierte Zauberin, sagt: »Ich weiß sehr oft im Voraus, was jemand gleich sagen wird. Dann fühlen sich die anderen durch mich irritiert, weil ich ihren angefangenen Satz beende.«

Von ihren Kindern können die Weisen als kontrollierende Eltern empfunden werden – wieder aus dem Grund, weil diese Ebene davon getrieben ist zu lehren. Die Weisen können nicht anders als schulmeistern; dennoch sollten sie ihre Belehrungen milder ausfallen lassen, damit sie leichter anzunehmen sind. Anstatt einen Vortrag zu halten, könnten sie beispielsweise ein Lehrerlebnis schaffen, das gleichzeitig unterhaltsam und lehrreich ist.

Genau wie bei ihrem Liebesleben ist es wichtig für die Weisen, bewusst glückliche und gesunde Beziehungen zu Freunden und der Familie zu visualisieren. Sie können sich dieser außergewöhnlichen Macht bedienen, um sich von starken und liebenden Freunden umgeben zu sehen, die eine Hilfe für sie darstellen.

Wenn du also glaubst, ein Weiser zu sein, stelle dir deine Kinder vor und fühle, wie sie deine Belehrungen annehmen. Mache dir keine Sorgen, wie diese Manifestationen zustande kommen. Sei dir einfach gewiss, dass es so eintritt. Und übergib dann diese Bilder ans Universum, so dass sie sich schnell und leicht manifestieren.

Die magischen Weisen

Wenn du zu den Weisen gehörst, bist du ein hochgradig geschulter Magier, und sollte ein Teil deines Lebens gerade nicht funktionieren, entwickle selbst die Initiative, um diesen Bereich zu heilen. Indem du nur passiv auf das Universum wartest, bis es dich leitet, siehst du dich eventuell nur deine Runden drehen und nirgendwo ankommen. Das hängt damit zusammen, dass Weise, wie du es einer bist, Mitschöpfer sind und das Universum gewohnt ist, *deine* Befehle entgegenzunehmen und sie wie gewünscht auszuführen. Allerdings wissen die Weisen aus Erfahrung, dass nicht alles Erbetene zur Freude gerät. Gerade deshalb ist es klug, um Führung zu beten oder zu bitten, um zu *wissen, was man sich wünschen sollte.*

Das Vertrauen in deine Fähigkeiten ist äußerst wichtig, auch wenn es nur 5 oder 10 Prozent an Vertrauen sind. Wenn du um etwas bittest, aber die leise Furcht hegst, dass es nicht eintreten könnte, wirst du die Manifestation blockieren. Wenn du es für nötig hältst, kannst du dir Vertrauen von einem deiner Geistführer »leihen«. Oder du kannst das Universum bitten, alle Ängste fortzunehmen, die dein volles Vertrauen untergraben.

Es kann sein, dass du, wie viele andere Weise, in deinen Vorleben als geistlicher Novize oder Anbeter (wie beispielsweise eine Nonne oder ein Mönch) Gelübde abgelegt hast. Am weitesten verbreitet sind Gelübde des Leidens, der Selbstaufopferung oder der Vergeltung und solche, die zu Armut, Keuschheit, Jungfräulichkeit, Zölibat, Gehorsam und Schweigen verpflichten. Solange diese Schwüre nicht aufgehoben sind, können sie dir fortwährend auf der Erde anhaften und Hindernisse in deinem Liebes- und Sexleben, bei deinen Finanzen und im Leben überhaupt darstellen. Niemand ist wahrhaft frei, bis er nicht von diesen ehemaligen Schwüren entbunden wurde. Die einzigen nützlichen Schwüre sind solche, für die *du* dich entschließt – diejenigen, die du dir selbst gegenüber leistest. Aber selbst dann solltest du sie regelmäßig prüfen, um zu beurteilen, ob sie immer noch Gültigkeit für dich haben.

Löse diese Schwüre und ihre Auswirkungen auf, indem du laut und deutlich affirmierst:

> »Hiermit durchtrenne ich alle Gelübde des Leidens, der Selbstaufopferung oder Vergeltung, die ich jemals geleistet habe, in alle Richtungen der Zeit. Ich mache alle negativen Auswirkungen dieser Gelübde rückgängig, jetzt und für immer.«

Dann wiederhole diese Affirmation für die anderen Gelübde (Armut, Zölibat etc.). Da du die Schwüre oft mit deinem eigenen Blut besiegelt hast, musst du dich davon unter Aufbietung all deiner Kraft lossagen. Es ist besonders wirkungsvoll, die Zeremonie beim Schein einer Kerze (die uns hilft, Negativität loszulassen und festgefahrene Situationen zu lösen) und bei Vollmond durchzuführen, der Zeit der Loslösung. Außerdem stelle dich aufrecht hin und stampfe kräftig mit dem Fuß auf, während du jede Affirmation laut verkündest. Sprich mit Nachdruck, so wie du es auch meinst, wenn du diese Gelübde für null und nichtig erklärst!

* * *

111

Ihr Weisen, besinnt euch immer auf die Macht des Wortes. Werdet euch klar darüber, was ihr euch wünscht und dann befehlt – durch Worte –, damit es geschieht. Ihr seid begnadete Zaubersprecher, sowohl bei euren Ängsten *als auch* euren Herzenswünschen. Das bedeutet, dass du ebenso leicht selbsterfüllende Prophezeiungen nach dem Diktat des Egos hervorbringst wie nach dem des höheren Selbst. Befehle deinem Ego zu schweigen und ordne an, dass dein höheres Selbst seine Stimme erhebt, um es besser verstehen zu können.

Da deine Manifestationen in körperlicher Form auftreten, heiße sie mit offenen Armen willkommen. Die Weisen stoßen zuweilen die Manifestationen von sich weg, aus Angst, sie nicht zu verdienen. Denke aber daran, dass diese Manifestationen Werkzeuge sind, die dir beim Lehren und deiner Heiltätigkeit von Nutzen sind. Deine Schüler und Klienten verdienen die Hilfe von einem Weisen, dessen materielle Bedürfnisse erfüllt sind. Lasse nun, Weiser, jeglichen Mangel oder Gelübde des Leidens zurück.

Lebensaufgaben für Weise

Als Weiser bist du ein geborener Anführer und wirst respektiert wegen deines Charismas, deines vertrauensvollen Auftretens, deiner Haltung und deiner ureigenen Kraft. Normalerweise achten und bewundern dich die Menschen; sie haben sogar Ehrfurcht vor dir. Daher fühlen sie sich wohl dabei, wenn sie deiner Führung folgen.

Aufgrund deines spirituellen Lernens und Lehrens über viele Lebzeiten hinweg würde dir wahrscheinlich der Beruf eines spirituellen Lehrers, Astrologen, Parapsychologen, spirituellen Heilers, Channeling-Mediums oder Wahrsagers liegen. Die meisten Weisen machen sich nicht gut als Angestellte oder Untergebene, es sei denn sie respektieren ihren Vorgesetzen oder Leiter. Du würdest einen vorzüglichen Firmenchef oder Unternehmer abgeben, vor allem mit deinen organisatorischen Fähigkeiten verbunden mit deinem intuitiven Wissen, wie man Situationen verbessert.

Dennoch wärest du, wie die meisten Weisen, darüber frustriert, mit unmotivierten Zuhörern oder Klienten zusammenzuarbeiten, die deinen Rat nicht annehmen.

Mischformen der Weisen

Wie du im nächsten Kapitel erfahren wirst, gibt es Variationen von Weisen, die sich mit anderen Ebenen vermischt haben. Zu ihnen gehören Ritter, Mystische Engel, Sternenweise und Mystische Meeresmenschen.

Anleitung und Ratschläge, wenn du ein Weiser bist

• **Achte die Macht des Wortes.** Sei bedacht auf deine Worte und Gedanken, um zu gewährleisten, dass sie nur das widerspiegeln, was du dir wünschst, und nicht das, was du fürchtest. Du manifestiert so schnell, dass du dir nicht erlauben kannst, über deine Ängste nachzudenken oder darüber zu reden. Konzentriere deine ganze Energie darauf, deine Wünsche und Lebensaufgabe zu manifestieren.

• **Ehre deine Vergangenheit.** Beschäftige dich mit Rückführungen in vergangene Leben, um verbliebene Emotionen aufzulösen, die dich heute noch zurückhalten könnten. Lies Bücher und schaue dir Filme an, die einen Bezug zu deinen vergangenen Leben haben.

• **Bedenke die Macht deines Temperaments.** Wenn ein Weiser seinen Zorn gegen einen anderen schleudert, ist das wie eine Verwünschung. Gebrauche deine Macht mit Vorsicht; und überlege dir besser zweimal, bevor du jemanden verfluchst, da es anderen schaden und auch zu dir zurückkehren kann, um dich selbst zu verfolgen.

• **Lehre, was für dich wichtig ist.** Du lehrst stets, indem du ein gutes Beispiel abgibst. Ein Grund, dich auf die höchste Ebene emporzuheben, ist der, andere dadurch zu inspirieren. Du hast gewählt, zur Erde zu

kommen, um den Menschen ihr Potenzial aufzuzeigen, deshalb ist es entscheidend für dich, dieses Ideal
selbst vorzuleben.

• **Lache und spiele.** Selbst wenn du eine entschei-
dende Mission zu erfüllen hast, solltest du unbedingt
regelmäßig ein bisschen Verspieltheit in dein Leben
bringen. Ernsthaftigkeit, aber nicht Ernst, ist bei deiner Mission gefordert. Ein Lachen hilft auch dabei,
jeglichen Herzschmerz zu heilen, den du in diesem
oder einem anderen Leben erlitten hast.

Sechstes Kapitel

Vermischte Ebenen und Mischformen: Mystische Engel, Ritter, Leprechauns und Meeresmenschen

Während meines Zertifikationsprogramms erkläre ich die verschiedenen Ebenen im Detail. Ich fordere dann die Zuhörer auf, sich mit den Mitgliedern ihrer Ebene zusammenzutun. Diejenigen, die sich unsicher über ihre Ebene sind, ermuntere ich dazu, sich nacheinander zu jeder der Gruppen zu gesellen, um herauszufinden, bei welcher sie sich am wohlsten fühlen. Die Menschen können augenblicklich fühlen, ob sie zu einer Gruppe gehören.

Einige der Zuhörer hatten den Eindruck, dass sie in zwei Gruppen der Ebenen gehörten. Zum Beispiel sagten einige, dass sie sich nicht entscheiden könnten, ob sie nun besser zu der Kategorie der Inkarnierten Engel oder Weisen passen würden. Meine Überlegung war, dass es Seelen sein müssten, die sich von der einen Ebene zur anderen hin entwickelten. Daher teilte ich sie der Gruppe der »Unentschlossenen«, »Entwickler« oder »Springer« zu.

Als mein Sohn Chase hauptverantwortlich für mein U.S. Zertifikationsprogramm war, hatten wir immer einen hohen Anteil an Elementaren unter den Kursmitgliedern. Ich stellte dieses Übergewicht der Elementaren nie in Frage, bis eine spirituelle Beraterin namens Betsy Brown hinzukam und Chases Posten übernahm. Schlagartig veränderte sich die Energie unserer Angel Therapy Practitioner Programme komplett.

Beim ersten Kurs, den Betsy leitete, gab es mindestens 50 Teilnehmer, die sich während der Übungen hinsichtlich der Ebenen fehlplatziert fühlten. Sie brachten alle dieselbe Klage vor, nämlich zur Gruppe der Inkarnierten Engel und der Weisen gleichzeitig zu gehören. Wir hatten nahezu keine Elementare in der Klasse, während sonst immer ein wilder Haufen von Feen und Brownies im Publikum vertreten gewesen war.

Einfach so hatte sich eine neue Ebene offenbart! Die neuen Studenten waren eine Mischform, die wir »Mystische Engel« nannten, so wie Betsy Brown einer war. Ich begriff, dass der zuvor hohe Anteil von Elementaren lediglich Chases eigene Ebene der Elementare widergespiegelt hatte. Gleich und Gleich gesellt sich gern!

Mystische Engel

Wenn du in die Augen eines Mystischen Engels blickst, begegnet dir Mitgefühl.

117

Wie bereits erwähnt, sind Mystische Engel halb Weise, halb Inkarnierte Engel. Mystische Engel haben viele Merkmale von den Inkarnierten Engeln, in der Art, dass sie liebevoll, hilfsbereit und fürsorglich sind. Da sie jedoch bereits einige Erdenleben (als Inkarnierte Engel) hinter sich gebracht haben, sind sie gewitzt und haben mittlerweile ein paar Ecken und Kanten. Sie können fluchen, trinken oder spielen ... trotzdem sind sie immer noch Engel.

Mystische Engel erkennen Regeln an, weil sie Chaos hassen. Und genau wie Inkarnierte Engel werden sie sich entschuldigen. Dennoch sagen sie nur: »Tut mir leid«, weil das eben der schnellste Weg ist, um Streit aus der Welt zu schaffen und nicht etwa, weil sie sich schuldig fühlen. Inkarnierte Engel haben unter den Ebenen die Seite an sich, Schuldgefühle bei sich zu hegen.

Die Mystischen Engel haben sich mühsam eine Weisheit erworben, die von vielen Lebzeiten des Helfens in den Gräben von Krieg und Streit herrührt. Selbst wenn sie all dies sehen mussten, haben sich die Mystischen Engel stets den Glauben ans Gute im Menschen bewahrt.

Mystische Engel scheuen sich nicht, vor Publikum zu stehen, im Gegensatz zu Inkarnierten Engeln. Mit den Fähigkeiten, die ihnen die Weisen vererbt haben, geben Mystische Engel hervorragende Lehrer, Redner und Seminarleiter ab. Sie gehen darin auf, über Heilformen zu lehren und Ratschläge für ein glückliches Leben zu geben.

Mystische Engel fürchten sich nicht davor, die Schattenseite des Lebens anzuerkennen. Sie sehen deutlich die Angelegenheiten des Egos hinter jedem menschlichen Drama. Die Ausrichtung und Sprache eines Mystischen Engels ist nur eine Spur dunkler und derber als die eines Inkarnierten Engels (die Ebene, die auf Probleme oder Schatten nicht sehen oder diese nicht anerkennen mag).

Ein Mystischer Engel beschrieb die Eigenschaften ihrer Ebene folgendermaßen: »Wir verwenden genauso gern Engel-Orakelkarten wie Tarotkarten. Wir sind Heiler und zugleich Alleswisser. Da wir in den vorherigen Leben umgebracht worden sind, haben wir Furcht, uns zur Spiritualität zu bekennen. Aber wenn wir es erst tun, fliegen wir schnell hoch hinaus, um unseren Lebenszweck zu erfüllen.«

Paladin-Ritter

Diese Ebene wurde von meinem Sohn Grant entdeckt. Wie du dich vielleicht erinnerst, war Grant derjenige, der mich auf die Ebene der Weisen aufmerksam machte. Nachdem wir diese Ebene beschrieben hatten, sah Grant, dass er eigentlich in eine Untergruppe der Weisen gehörte, die wir zunächst »Ritter« nannten. Jedoch traf es dieser Ausdruck nicht genau, weil damit reine Krieger gemeint waren. So wurde von zwei Mitgliedern der Ebene der Begriff *Paladin* vorgeschlagen. Ein Paladin stellt einen märchenhaften oder heiligen Ritter dar, der in den Kreuzzug zur Aufrechterhaltung des Guten und der Ordnung zieht. Die Paladine in der Vergangeheit waren Magier, die Zaubersprüche anwandten, um ihre Mission zu erfüllen.

Paladin-Ritter haben viele Eigenschaften mit den Mystischen Engeln gemein, da sie halb Weise, halb Engel sind. Mystische Engel verleihen ihrer Engelsseite Ausdruck durch die Heilung anderer, sowohl durch die Weisheit, die sie vermitteln, als auch durch ihre Energie. Paladin-Ritter verkörpern die schützende Seite der Engel. Mystische Engel sind ein Ausdruck der Heilenergie von Erzengel Raphael, während Paladin-Ritter die Energie von Erzengel Michaels Schwert widerspiegeln.

Paladin-Ritter sind die Verfechter der Ordnung und die Hüter der Wahrheit, der heiligen Geheimnisse und der Höflichkeit. Sie sind vertrauenswürdig, in der Lage, Geheimnisse zu bewahren (es sei denn, das Eröffnen des Geheimnisses würde dazu beitragen, Gerechtigkeit walten zu lassen) und äußerst hilfsbereit gegenüber Nahestehenden und Fremden. Paladin-Ritter fühlen sich unwohl in Gesellschaft, außer es wird ein Thema diskutiert, das sie persönlich interessiert. Sie sind höflich und galant, dennoch können sie auch eisern und unnachgiebig sein, wenn ihre Werte angegriffen werden. Paladin-Ritter machen keine Kompromisse, was Ethik anbelangt. Wir erinnern uns, dass Inkarnierte Engel (von denen sich die Paladin-Ritter herleiten) Autorität, Organisation und Regeln anerkennen, besonders wenn sie an diese Regeln glauben.

Angehörige dieser Ebene dienten als Tempelritter; Ritter der Tafelrunde; Mitglieder der zwölf *chansons de geste* (Heldenlieder des Mittelalters) und als Leibgarde von Hohepriestern, Hohepriesterinnen, Heiligen und Weisen. Ein Paladin-Ritter neigt dazu, einen großen Körper und enorme Muskelkraft zu haben. Sie stehen hoch aufgerichtet, jedoch ohne den Stolz des Egos, und ihre Augen sind durchdringend, klar und zielsicher wie die eines Leibwächters bei höchstem Alarm. Nichts entgeht ihnen.

Paladin-Ritter sind ihr ganzes Leben lang fasziniert von Rittern, Ritterrüstungen, den Legenden der Tafelrunde und von Turnieren. Sie lieben Videospiele, Bücher und Kinofilme, die von Strategien der Kriegszeit handeln sowie Schwertkämpfen und Wiedergutmachung. Zu berühmten Paladin-Rittern gehören Johanna von Orleans, König Artus, König David und Sir Lancelot.

> Die Augen eines Paladin-Ritters sind durchdringend, klar und zielsicher, wie die eines Leibwächters bei höchstem Alarm.

Viele Paladin-Ritter fühlen sich zum Dienst an der Waffe berufen, als Sicherheitskräfte oder Polizeibeamte, welches moderne Varianten des Ritterordens sind. Sie treten auch spirituellen Vereinigungen bei oder lesen darüber, wie den Freimaurern, Tempelrittern und Rosenkreutzern. Dennoch müssen die Paladin-Ritter der Moderne oft im Alleingang eine Mission auf sich nehmen, um ihr Schicksal zu erfüllen. Anstatt den Befehlen des Königs Folge zu leisten, sollten die heutigen Paladin-Ritter den Anordnungen ihrer inneren Führung folgen. Indem sie sich dem Militär- oder Polizeidienst verschreiben, können sie in ihrer Freiheit behindert werden, ihrer inneren Weisheit zu folgen oder diese Stimme sogar ganz zum Verstummen bringen.

Paladin-Ritter haben auch fernöstliche Gegenstücke in Samurais und Shaolin-Mönchen, die ihr Leben mit Atemarbeit, Haltung, Selbstdisziplin und Weisheit leben.

Paladin-Ritter geben wunderbare Anwälte und Aktivisten ab, die sich für die Dinge, an die sie glauben, einsetzen. Sie machen sich gut auf den Gebieten Recht, Politik, Schreiben, Sprechen, Coaching, bei Kampagnen und Führung. Paladin-Ritter, die Indigos sind (die Generation der hochgradig sensitiven geborenen Führer und Visionäre) können starke und mitreißende Anführer sein.

Mystische Sterne

Diese Mischform ist aus den Sternenmenschen und Weisen hervorgegangen. Mystische Sterne sind geborene Lehrer, die der Erde universelles Wissen bringen. Ihre Lehren haben den allgemeinen Zweck, den Weltfrieden anzuregen, indem sie den Menschen nützliche Informationen geben, um ihr Anspannungsniveau zu verringern.

> Mystische Sterne haben sehr exotische, andersartige Augen, die ihre ernsthafte, düstere und starke Leidenschaft fürs Lehren widerspiegeln.

Mystische Sterne sind hochsensibel und können die Energie der Emotionen anderer Leute wahrnehmen. Sie fühlen sich oft unwohl in der Umgebung von anderen und können sich manchmal linkisch in der Öffentlichkeit verhalten. Mystische Sterne bekämpfen Anspannung in der Gesellschaft, indem sie Fakten vermitteln oder Philosophie lehren. Mystische Sterne versuchen unbewusst, Familienmitglieder zu belehren, deren Augen glasig sind von einer Überdosis an technischer Information. Daher tun Mystische Sterne besser daran, auf Hinweise von ihren Studenten und Hörern zu achten und einen schwankenden Aufmerksamkeitsgrad im Auge zu behalten. Mystische Sterne sind dermaßen intelligent, dass sie unbeabsichtigt über jemandes Kopf hinweg reden können, ohne es zu bemerken. Ohne das geistige Niveau ihres Unterrichts zu senken, können Mystische Sterne ihre Lehren so zuschneiden, damit sie leichter verdaulich sind.

Leprechauns

Wenn wir an Leprechauns denken, kommen uns kleine Männchen in grüner Tracht in den Sinn. Dennoch gibt es bei dieser Ebene der Erdenengel eine immense Vielfalt an Körperformen, Größen und Kleidungsstilen. Es kommen männliche und weibliche Leprechauns vor, und viele Angehörige dieser Ebene sehen *wirklich* wie riesige Leprechauns aus. Jedoch ist es mehr das Innere als das Äußere, was diese Ebene von den anderen unterscheidet.

Leprechauns sind halb Weise, halb Inkarnierte Elementare. Sie haben eine Weisheit, die von vielen Lebzeiten auf der Erde stammt, eine nüchterne, vernünftige Herangehensweise ans Leben, eine tiefe Verbundenheit zur Natur und einen schrägen Humor.

> Blickst du eine Minute lang in die Augen eines Leprechauns, siehst du den ernsthaften Ausdruck eines Lehrers. Aber schon in der nächsten Minute begegnest du dem schelmischen Blick eines Siebenjährigen, der kurz davor steht, einen Streich zu spielen.

Um die Ebene der Leprechauns zu verstehen, sollten wir ihre Geschichte näher betrachten. Einer der Urstämme in Irland wurde die »Túatha Dé Danaan« genannt, was die »Kinder von Danu« oder »Volk der Danu« bedeutet. Danu war eine keltische Göttin. Die Tuathas besaßen die magischen Fähigkeiten, ihre Gestalt zu verändern und zwischen den Zeiten zu reisen und wurden in manchen Kreisen als Halbgötter angesehen. Sie fochten Schlachten aus, um die Vormacht in Irland zu behalten, aber wurden letzendlich von den einfallenden Gälen niedergeschlagen. Aber anstatt ihre Insel zu verlassen, wechselten die Tuathas in eine andere Dimension über und wurden zu den Leprechauns. Auch heute noch treiben sie sich in Irland herum, zeigen sich aber nur denen, deren Verstand aufgeschlossen und deren Herz offen ist.

Daher sind Lichtarbeiter von der Ebene der Leprechauns halb Weise, halb Elementare. Sie besitzen das alte Wissen über Magie, Heilung und Manifestation wie die Weisen aus anderen Kulturen. Als Leprechauns bringen sie die Merkmale der Elementare zum Ausdruck, zwischen den Dimensionen zu leben, gepaart mit einer starken Verbundenheit zur Natur.

Die von der Ebene der Leprechauns stammen, weisen die Eigenschaften von Weisen und Elementaren auf. Sie schwanken zwischen dem ernsthaften Lehrer und lümmelhaftem Witzbold. In der einen Minute halten sie dir einen Vortrag und in der nächsten kitzeln sie dich durch.

Selbst wenn wir bei Leprechauns zuerst an rotbärtige kleine Männchen mit dickem Bauch in grünem Aufzug denken, können Vertreter der Leprechauns so umwerfend wie Fotomodelle aussehen.

Viele Angehörige dieser Ebene haben ein wenig vom Aussehen eines Leprechauns, sei es die Vorliebe, grüne T-Shirts zu tragen, rötliches Haar, eine rötliche Gesichtsfarbe oder sogar einen kleinen Bauchansatz.

Leprechauns geben wunderbare und unterhaltsame Lehrer ab, die die Begeisterung und das Interesse ihrer Schüler wach halten. Sie können hervorragend Geschichten erzählen, die sogar stets eine wichtige Botschaft enthalten. Solange man ihre wechselnden Stimmungen und gelegentlichen Flirts ertragen kann, sind Leprechauns wunderbare Freunde und Liebespartner. Es ist niemals langweilig mit einem Vertreter dieser Ebene, das ist ganz sicher!

Meeresmenschen

> Die Mehrheit der Meeresmenschen hat grünliche
> Augen.

Wie die Leprechauns sind Meeresmenschen eine Mischform von der Ebene der Elementare, wodurch sie sowohl eine verspielte als auch boshafte Seite haben. In meinem Buch *Erwecke die Heilkraft der Göttin in dir* habe ich die Ergebnisse meiner Befragung der Meeresmenschen veröffentlicht:

Ich habe nur die Berichte von denjenigen ausgewählt, die mit Sicherheit wussten, dass sie Meeresmenschen waren. Die meisten trafen ihre Entscheidung aufgrund der Tatsache, dass sie sich in meinen Ausführungen wiedererkannten. Sie mussten in der Nähe von Wasser leben, sie identifzierten sich mit Seejungfrauen und Wassermännern seit ihrer Kindheit, träumten regelmäßig von Seejungfrauen und so weiter.

Von allen Punkten der Befragung waren die entscheidenden Faktoren folgende:

* 82 Prozent hatten einen natürlichen Rotton oder rote Strähnen im Haar
* 82 Prozent trugen ihr Haar lieber lang (allein 89 Prozent der befragten Frauen)
* 79 Prozent hatten Naturlocken oder welliges Haar
* 69 Prozent hatten grünliche Augen
* 85 Prozent berichteten, regelmäßig oder immer Durst auf Wasser zu haben

* 80 Prozent sagten, dass sie oft froren, auch bei warmem Wetter

Die 82 Prozent der Befragten mit rotem und kastanienbraunem Haar stellen die geschätzten 2 bis 10 Prozent der Menschen mit diesen Haarfarben an der Gesamtbevölkerung spielend in den Schatten. Offensichtlich ist rotes Haar eine genetische Besonderheit. Zu anderen Zeiten wurden rothaarige Frauen der Hexerei beschuldigt und im Europa des 16. und 17. Jahrhunderts während der Hexenverfolgungen hingerichtet. Ob es wohl Meeresmenschen gewesen sind, die ihre magischen Fähigkeiten und ihr Wissen zurückgehalten hatten?

Wie bereits erwähnt, müssen Meeresmenschen in der Nähe von Gewässern leben, um glücklich und gesund zu sein. Wasserfeen fühlen sich von Flüssen und Seen angezogen, während Meeresengel, Mystische und Sternen-Meeresmenschen eine Verbindung zum offenen Meer fühlen. Viele der Meeresmenschen haben Erinnerungen an oder sind gefesselt von Geschichten über Atlantis und Lemurien, bei denen es sich um zwei antike ozeanische Zivilisationen handelt.

Wie bei den anderen Ebenen sehen Meeresmenschen wie ihr Gegenstück in der geistigen Welt aus. Weibliche Meeresmenschen ähneln Seejungfrauen mit Wespentaille und weiblichen Formen mit einer Vorliebe für türkisfarbene Kleidung. Wassermänner sehen athletisch aus, sind wohl proportoniert und sind gern draußen. Beide Geschlechter ziehen es vor, ihr Haar lang zu tragen, das Naturwellen und bei den meisten von ihnen einen rötlichen Ton hat.

Meeresmenschen berichten einstimmig, dass sie leicht frösteln, und sie bevorzugen es, sich im Urlaub oder generell in tropischem Klima aufzuhalten. So sehr sie es auch lieben zu schwimmen, meiden Meeresmenschen das gechlorte Wasser von Swimmingpools, weil sie sensibel auf den Geruch und den Hautkontakt mit Chlor reagieren.

Meeresmenschen sind oft durstig und viele leiden unter Verstopfung. Sie haben gewöhnlich eine Flasche Wasser griffbereit und sollten Trockenfrüchte meiden, da diese ihrem Organismus zusätzlich Wasser entziehen können. Ihre Wasserempfindlichkeit bewirkt außerdem, dass Meeresmenschen sehr wählerisch bei der Marke ihres Mineralwassers sind. Meeresmenschen sehnen sich oft nach Seetangsalat, Seegemüse und Nori (flachgedrückte Meeresalgen, die um Sushirollen gewickelt werden), wahrscheinlich weil ihr Körper die besonderen Nährstoffe des Meeres braucht.

Die meisten Menschen lieben Delphine, aber Meeresmenschen sind ganz verrückt nach ihnen. Meeresmenschen lieben auch Wale, Seevögel, Seepferdchen und andere Meeresbewohner. Viele Meeresmenschen spenden Zeit oder Geld, um gemeinnützige Vereine oder Maßnahmen zu unterstützen, die dem Schutz der Meere, Seen und Flüsse dienen. Ihr liebstes Urlaubsziel ist ein tropischer Strand, und sie leben entweder in der Nähe eines Gewässers oder würden es liebend gern tun. Meeresmenschen sammeln fleißig Abfall von den Stränden oder Seeufern auf.

Es gibt einige Untergruppen der Meeresmenschen, dazu gehören:

• **Meeresengel:** als eine Mischform aus halb Inkarniertem Engel und halb Elementar (das Meer ist ein Teil der Ebene der Elementare) schwanken Meeresengel zwischen frech und nett. Weibliche Meeresengel können Inkarnierten Engeln ähneln mit ihrem üppigen Körper, dem herzförmigen Gesicht und der hellleuchtenden Haarpracht. Dennoch sind sie die Inkarnierten Engel, die am Abgrund gestanden haben. Sie können Drogengeschichten haben oder Alkoholprobleme, untreu in ihrer Beziehung sein oder sogar kriminell. Nichtsdestotrotz ist ihr Herz von Grund auf das eines Engels.

• **Meerfeen:** Diese Mischform ist hunderprozentig elementar, daher haben Meerfeen keine Entschuldigung dafür, die Partylöwen der Meere, Seen und Flüsse zu sein. Sie schlürfen gern Cocktails, während sie zuschauen, wie die Sonne im Meer versinkt, unternehmen Bootsfahrten oder faulenzen am Strand. Meeresfeen können Perfektionisten sein, wenn es um ihre Liebespartner geht, was zu einer langen Liste von Freunden und Freundinnen führen kann. Dennoch werden die Meeresfeen dir erzählen, dass sie versuchen, lebenslange Zufriedenheit zu erlangen, in Form von einer Spaß machenden, finanziell abgesicherten – oh, hatte ich schon Spaß erwähnt? – Beziehung. Meerfeen lieben es zu campen, Motorrad zu fahren und sich in der Nähe von Seen und Flüssen in den Bergen aufzuhalten. Sie haben eine besondere

Verbindung zu Wasserfeen, die Nymphen und Undinen genannt werden.

• **Stern-Meeresmenschen:** Sternenmenschen sind schon gern in der Nähe des Meeres, aber diese Mischform fühlt sich besonders vom Meer angezogen. Stern-Meeresmenschen sind Einzelgänger, die am liebsten segeln, schwimmen, surfen oder für sich allein schnorcheln (oder mit einem sehr vertrauten Begleiter). Stern-Meeresmenschen sind besonders fasziniert davon, den Sternenhimmel zu beobachten, während sie mit einem Boot mitten im Ozean treiben. Sie verbinden sich mit ihren Heimatplaneten über die Energie der positiven Wasserionen.

• **Mystische Meeresmenschen:** Diese Mischform besteht aus einem Meeresmenschen und Weisen. Sie haben die quirlige Persönlichkeit eines Elementaren, kombiniert mit der Ernsthaftigkeit der Weisen. Sie lieben es zu lehren, besonders über Delphine, Wale, Atlantis, Meeresökologie, Sporttauchen, Segeln oder jedes weitere Wissen, das mit dem Meer zu tun hat. Eine Untergruppe dieser Ebene sind Mystische Meerengel, die eine Mischung aus Inkarnierten Engeln, Meeresmenschen und Weisen darstellen.

• **Inkarnierte Delphine:** Diese Mischform besteht aus Delphinen, die menschliche Gestalt angenommen haben, damit ihre Botschaft deutlich von den Menschen vernommen wird. Jedoch verrät ihr Äußeres ihre wahre Identität. Der Körper von Inkarnierten Delphinen ist geformt wie der von *echten* Delphinen. Ihr leicht ausladender Leib teilt ihren Körper in dieselben Dimensionen wie bei einem American Football-Spieler. Die meisten Inkarnierten Delphine haben graue Augen, genau wie ein Meeresdelphin.

> Die meisten Inkarnierten Delphine haben graue Augen, wie ihre Entsprechungen im Meer.

Inkarnierte Delphine kichern übrigens mit demselben keckernden Lachen wie die im Meer lebenden Delphine. Die meisten Inkarnierten Delphine haben Berufe, die mit dem Meer zu tun haben, wie Meeresbiologe, Ozeanograph, Schiffskapitän oder Meeresökologe. Sie haben eine Leidenschaft dafür, das Ökosystem der Meere zu erhalten, und sie geben wunderbare Lehrer auf diesem Gebiet ab. Aufgrund ihres Ursprungs als Delphin wissen sie noch immer, wie man sich erholt, spielt und flirtet, während sie dennoch ihren Pflichten nachgehen. Da sie daran gewöhnt sind, in so genannten Schulen zu schwimmen, sind Inkarnierte Delphine üblicherweise sehr sozial eingestellt. Bei ausgedehnten und fröhlichen Diskussionen sind sie in ihrem Element.

Zum Beispiel liebt eine Bekannte von mir namens Gayle Delphine und leitet regelmäßig Gruppenausflüge, um mit ihnen an exotischen Plätzen zu schwimmen. Sie sieht sogar wie ein Delphin aus, mit ihrem stromlinienförmigen, ebenmäßigen Körper und den runden Augen. Interessanterweise betreibt Gayle eine Schwimmbad-Firma. Sie ist im Sternzeichen Fische geboren, einem Wasserzeichen. Sie sagt: »Ich liebe das Meer und *muss* oft dort sein, um mich wieder mit Energie aufzuladen. Ich liebe Delphine und Wale und verbringe viel Zeit, mit ihnen zusammen im Meer zu schwimmen. Ich fragte meine Geistführer, warum ich mich so zum Meer hingezogen fühle, und sie antworteten mir: ›Weil du *vom* Meer stammst, Gayle.‹ Zunächst verstand ich nicht, was das bedeutete. Nun glaube ich tatsächlich, dass ich vorher ein Delphin gewesen sein könnte.«

Neben Inkarnierten Delphinen habe ich auch einige Inkarnierte Wale getroffen, und, nein, sie sind nicht fett. Während Inkarnierte Delphine ein verspieltes, elementares Wesen haben, haben Inkarnierte Wale die beschützende und liebevolle Energie von Erzengeln. Inkarnierte Wale sind fasziniert von Walen, die im Meer leben, und werden oft Anwälte, Aktivisten, Meeresbiologen, Seeleute oder Taucher, um die Wale beobachten zu können.

* * *

Dies sind die wichtigsten Mischformen, die sich mir offenbart haben, seitdem ich dieses Thema meinen Zuhörern nahe gebracht habe. Diejenigen, die sich mit keiner der Ebenen identifizieren können, helfen mir weiterhin dabei, andere Mischformen zu bestimmen. Dennoch trotzen einige Leute einfach jeder Kategorie der Ebenen. Für sie haben wir andere Wege entwickelt, die vermischten Ebenen zu betrachten, wie auf den folgenden Seiten beschrieben.

SIEBTES KAPITEL

Wenn du das Gefühl hast, in mehrere Ebenen zu gehören …

Ungefähr 10 Prozent meiner Zuhörer, die von den Ebenen der Erdenengel erfahren haben, erzählen mir: »Ich habe das Gefühl, dass ich in mehr als eine Kategorie passe!« Diese Erdenengel wissen, dass sie Lichtarbeiter sind, dennoch sind sie sich nicht im Klaren über ihre bestimmte Ebene. Im Folgenden nenne ich einige Punkte, die zu beachten sind:

1. Energie: Stimme dich auf deine allumfassende »Energie-Blaupause« ein

Die Energie eines:	ist:
Inkarnierten Engels	sanft und liebevoll
Inkarnierten Elementare	heißblütig, verspielt und schelmisch
Sternenmenschen	hilfsbereit, kühl und abgeklärt

Weisen	ernst, intensiv und majestätisch
Leprechauns	abwechselnd ernst und albern
Mystischen Engels	ernst, intensiv, sanft und liebevoll
Meeresmenschen	abwechselnd aufsässig und nachgebend
Paladin-Ritters	aufmerksam und zuvorkommend, dennoch unbeholfen in der Öffentlichkeit

2. Körperliche Erscheinung

Menschen von der Ebene der:	*haben diese körperlichen Merkmale:*
Inkarnierten Engel	ein schönes oder engelsgleiches Gesicht und einen üppigen Körper
Inkarnierten Elementare	sehen wie größere Ausgaben von Feen, Elfen, Kobolden und Gnomen aus
Sternenmenschen	sind hoch gewachsen und schlaksig; oder klein, mit dünnem oder stattlichem

Körper. Sie haben ungewöhn-
liche Augen und Gesichtszüge.
Ihre Kleidung ist unauffällig,
und die weiblichen Sternenmenschen tragen nur wenig
Makeup

Weise	ein langes, schmales Gesicht mit Augen, deren Blick in weite Ferne zu schweifen scheint. Sie tragen bevorzugt Hemden und Kleider in fließenden Stoffen und dunklen Farben und haben oft langes, vorzeitig ergrautes Haar.
Leprechauns	Viele sehen genauso aus wie Leprechauns. Sie tragen am liebsten grüne Kleidung oder welche in Erdtönen, und sie haben meistens ein Zwinkern in den Augen.
Mystische Engel	ein attraktives Gesicht, üppiger Körper und ein sehr ernster Gesichtsausdruck
Meeresmenschen	Die Frauen haben eine Wespentaille und weibliche Formen. Ihre Augen neigen dazu, grünlich zu sein, und die Haare rötlich. Männliche und

weibliche Meeresmenschen haben eine Vorliebe für langes Haar. Sie tragen oft blaue, türkfarbene oder blaugrüne Kleidung.

Paladin-Ritter	hochgewachsen, mächtiger Körper, durchdringende Augen

3. Interessen

Menschen von der Ebene der:	*sind ausgerichtet auf:*
Inkarnierten Engel	Heilung und Dienst am Nächsten; die Aufrechterhaltung friedvoller und glücklicher Beziehungen
Inkarnierten Elementare	Lehren, Unterhaltung, die Künste, Umweltschutz
Sternenmenschen	Energieheilung, besonders Reiki; technischer Fortschritt; hilfreich sein, wo es Not tut.
Weise	Lehren; mystische, übersinnliche und heidnische Spiritualität

Leprechauns	Lehren, Musik, Geschichten erzählen, Streiche spielen
Mystische Engel	Heilarbeit lehren
Meeresmenschen	Delphine, Wale, Wassersport, Meer, Lemurien und Atlantis
Paladin-Ritter	Gerechtigkeit, Wahrheit und Freiheit hochhalten; Unterdrückte beschützen und um der Sache willen

Die sich entwickelnde Seele und der Springer

Wenn du immer noch nicht deine Ebene weißt, kannst du von einer zurzeit noch unbekannten Ebene stammen. Oder du bist eine *sich entwickelnde Seele* oder ein *Springer* (Wir haben die Gruppe der Springer bereits unter dem Begriff *Unentschlossene* genannt). Das bedeutet, dass du entweder von einer Ebene in die nächste überwechselst oder zwischen den einzelnen hin und her hüpfst wegen der Abwechslung und des Wachstums.

• **Die sich entwickelnde Seele:** Wenn du eine sich entwickelnde Seele bist, gehst du von der einen in die andere über und kannst dich mit keiner bestimmten Gruppe identifizieren. Vielleicht hast du viele

Leben in einer Ebene verbracht und hast durch diese Erfahrung bereits alles gelernt, was du kannst. Daher hast du gewählt, in eine neue Ebene einzutreten. Du fühlst dich nicht mehr voll zur alten zugehörig, die du gerade verlassen hast, und noch nicht zu der, mit der du dich neu verbinden wirst.

Wenn du dich in dieser Beschreibung wiedererkennst, gib dir Zeit, dich auf die neue Gruppe einzustellen und verurteile dich nicht scharf, weil du dich abgetrennt von ihr fühlst. Erdenengel in der Kategorie der sich entwickelnden Seele können sich doppelt fremd vorkommen – nicht nur losgelöst von den Menschen, sondern auch gleichermaßen von den anderen Erdenengeln! Es kann sich so anfühlen wie das letzte Kind zu sein, das für die Softball-Mannschaft ausgesucht wird: ungewollt und unbeachtet.

Mache dir bewusst, dass diese Gefühle vorübergehen und bete um geistigen Beistand, um zu erkennen, dass du nicht allein bist und *sehr wohl* gewollt und beachtet wirst. Letzten Endes hast du viel Mut bewiesen, indem du zu einer neuen Ebene gewechselt bist. Und du hast es wahrscheinlich aus der edlen Absicht heraus getan, um besonders hilfreich für die Welt zu sein!

• **Der Springer:** Manche Seelen brauchen Abwechslung, Aufregung und reiche Erfahrungen. Wenn du ein Springer bist, kannst du dich – etwa wie ein Kind im Bonbonladen – nicht entscheiden, was du willst, und nimmst schließlich alles von der Speisekarte. Die Springer sind Erdenengel, die von Ebene zu Ebene ziehen. Du lässt dich nie ganz in einer bestimmten Ebenen-Familie nieder. Stattdessen schöpfst du die Sahne ab, die jede einzelne Ebene zu bieten hat. Auf der anderen Seite bringst du jeder Ebene großen Nutzen von den Lektionen, die du gelernt hast, während du in den anderen Ebenen der Erdenengel warst. Springer passen sich rapide an neue Situationen und Menschen an, genauso wie Kinder, die oft umziehen und verschiedene Schulen besuchen, dennoch die Fähigkeit entwickeln, sich schnell einzugewöhnen.

* * *

Wenn du eine sich entwickelnde Seele oder ein Springer bist, verhältst du dich wie eine Honigbiene, die von Blume zu Blume fliegt und gleichzeitig Nahrung nimmt und gibt, während du umher wanderst. Du erweist ihnen einen wertvollen Dienst, weil du den Ebenen frisches Leben, neue Ideen und erwachende Lebendigkeit einflößt.

Du könntest auch von einer neuen Ebene stammen, die immer noch unentdeckt ist. Da sich die Welt auffaltet, sind neue Aufgaben gefragt. Und wenn du eine von den Seelen bist, die die Initiative zu solchen neuen Aufgaben gibt, danke dir Gott für deinen Einsatz!

Lebensaufgaben für sich entwickelnde Seelen und Springer

Sich entwickelnde Seelen und Springer teilen sich in zwei verschiedene Gruppen: Die Freigeister und die Angepassten. Die Freigeister sind Führungspersönlichkeiten und radikal Unangepasste, die stolz darauf sind, Aussenseiter zu sein. Sie glauben, dass »Normalität« gleichbedeutend ist mit zur Mittelmäßigkeit verdammt sein. Freigeister sind Vorkämpfer für humanitäre Fragen und Umweltschutz – es sei denn die Themen sind ihnen zu populär. Freigeister mögen nicht gern im Trend sein, und sie beanspruchen ihre eigene persönliche Nische jenseits der breiten Masse.

Freigeister machen sich, was nicht erstaunt, am besten als Selbstständige verbunden mit künstlerischen oder erfinderischen Tätigkeiten. Sie fühlen sich unwohl bei Prinzipien, Regeln oder Richtlinien von außenstehenden »Autoritäten«. Ideale Berufsfelder für Freigeister könnten die schönen Künste, Kunsthandwerk, das Verlagswesen, Schreiben oder Fotografie sein.

Springer hingegen lieben jeden Beruf, der ihnen Aufregung und die Möglichkeit bietet, etwas zu lernen. Sie sind besser darin, in der Öffentlichkeit zu arbeiten als die Freigeister. Ideale Berufsfelder wären Reisen (als Reiseleiter oder Animateur auf einem Kreuzfahrtschiff), Talentvermittler oder Talentsucher (die die Träume der anderen wahr werden lassen) und jede Verkaufstätigkeit, was mit einem Produkt oder einer Dienstleistung verbunden ist, von dem die Springer völlig überzeugt sind.

Führung und Vorschläge, wenn du eine sich entwickelnde Seele oder ein Springer bist

• **Respektiere deine Entscheidung zur Unabhängigkeit.** Seelen aus dieser Nicht-Ebene sind generell Andersdenkende und Aufrührer. Die Erde braucht gerade jetzt eure Kraft und Energie. Also schwächt sie nicht, indem ihr versucht, in eine bestimmte Gruppe hineinzupassen (außer es geschieht von allein).

• **Lehre die Freiheit.** Es gibt zu viele Menschen, die zulassen, von einer übergeordneten Autorität beherrscht zu werden. Durch deine Verweigung, dich anzupassen oder abhängig zu sein, lehrst du sie Alternativen. Je mehr du tun kannst, um persönliches Glück und persönlichen Frieden auf dich zu vereinigen, desto wirksamer werden deine Lehren sein. Besinne dich darauf, dass du vor allem durch dein gutes Beispiel lehrst, erst danach ergeben sich die formellen Lehransätze, wenn du sie zulässt.

• **Manifestiere, manifestiere, manifestiere.** Da du dazu neigst, außerhalb der Systeme zu arbeiten, ist es nötig, dass du dich auf deine eigene Manifestationskraft verlässt, um materiell für dich zu sorgen. Erinnere dich, dass es keine neutralen Gedanken oder Worte gibt, und somit kreiert alles, was du denkst oder sagst, deine Zukunft. Daher denke nur daran, was du dir wünschst, und nicht, was du befürchtest.

NACHWORT

Wir zählen auf dich!

Erdenengel, hab Dank, dass du zu dieser Zeit auf dem Planeten Erde bist. Mit deiner immens liebevollen Energie hilfst du uns, einfach weil du hier bist! Und doch – wie dir wohl bewusst ist – hast du dir so viel mehr vorgenommen. Du hast dich entschlossen, zu einer wichtigen Zeit in der Geschichte unseres Planeten hierher zu kommen, um einen großen Umbruch zu bewirken, indem du deine angeborenen Talente in Verbindung mit harmonischem Handeln zum Einsatz bringst.

Wenn die Masse der Bevölkerung keine andere Betrachtungsweise gegenüber der Umwelt und sich selbst annimmt, wird das Leben, so wie wir es kennen, nicht mehr weitergehen. Du bist hier, um Alternativen aufzuzeigen. Du wirst erkennen, was zu lehren ist, indem du darauf achtest, welche Themen deine Leidenschaft wecken, dich in Aufregung versetzen oder Angst und Wut bei dir auslösen. Zum Beispiel kannst du hier sein, um uns, deine Mitmenschen, zu lehren, wie wir unsere materiellen Bedürfnisse manifestieren, damit wir nicht wettstreiten, stehlen oder in den Krieg ziehen, um unseren Anteil zu kriegen.

Oder vielleicht bist du hier, um die lebenswichtige Notwendigkeit nahezubringen, die Luft, das Wasser und die Beschaffenheit des Erdbodens zu schützen. Möglicherweise hast du dich verpflichtet, bessere Wege der Kinderaufzucht und Erziehung zu vermitteln. Es gibt Hunderte von wichtigen Themen, die man gerade jetzt lehren sollte.

Wie kann man lehren? Auf jeden Fall kannst *du* es – zum Beispiel, indem du als Vorbild fungierst, Bücher schreibst oder Artikel verfasst, Briefe an Herausgeber von Publikationen schickst, aktiv im Erziehungs- oder Regierungssystem wirst und/oder Reden hältst oder in den Medien auftrittst.

Eines ist klar: Wir brauchen Erdenengel, die eine Führungsrolle übernehmen wollen. Die alten Systeme, die Integrität vermissen lassen, beginnen zu zerfallen, wie die Unternehmen und Kirchen mit einer Vergangenheit des Missbrauchs. Die neue Energie wird nicht länger die dunkle Energie aushalten oder verbergen. Dunkelheit innerhalb des Erziehungs-, Regierungs- und Rechtssystems wird sie auch ins Wanken bringen. Während diese Veränderungen eintreten, können Erdenengel (so wie du) die Menschen von Panik und Pessimismus wegführen und zum Blickwinkel hinführen, dass das Alte durch etwas Besseres ersetzt wird.

Wir alle zählen auf dich, dass du deine Lebensaufgabe in die Hand nimmst und ihr voll gerecht wirst. Jeder Schritt, den du tust, ist hilfreich und gerade jetzt bitter nötig … vorausgesetzt, dass er von deiner Absicht zu helfen ausgeht. Bitte verzögere dein Voranschreiten nicht, indem du wartest, um genau herauszufinden, was deine Aufgabe ist, welcher Schritt als nächstes zu tun ist oder bis du die felsenfeste Sicherheit erhältst, dass du Erfolg haben wirst. Jedes bisschen, was du tust, das aus der Liebe deines Herzens kommt, wird hilfreich sein, etwa in der Weise, wie kleine Gaben, die man zu einer wichtigen Sache beiträgt, zusammengenommen eine bedeutsame Spende ergeben können.

Fange irgendwo an – spring einfach ins kalte Wasser!

Auf dem Weg sorge bitte gut für deinen physischen Körper. Er ist ein wichtiges Werkzeug bei deiner Mission. Da jedoch viele Erdenengel, so wie du, noch nie zuvor einen physischen Körper gehabt haben, kann es sein, dass du deinen physischen Körper vernachlässigst oder schlecht behandelst. Indem du ihn mit gesunden Biolebensmitteln stärkst, regelmäßig Sport treibst und ausreichend Ruhe gönnst, wirst du mehr Energie für deine Lebensaufgabe haben.

Vor einigen Jahren wurde ein sehr einflussreicher Erdenengel namens Louise L. Hay (die ich mehrfach in diesem Buch erwähnt habe und die die Gründerin meines Verlages Hay House ist) dazu angeleitet, über ihre Einsichten über den Zusammenhang zwischen körperlichen Krankheiten und den zugrunde liegenden Gedanken zu schreiben. Dennoch war seinerzeit kein einziger Verleger bereit, ihre Gedanken zu veröffentlichen! Aber anstatt aufzugeben, tippte und heftete sie selbst etliche Kopien ihres Manuskriptes. Dann fühlte sie sich dazu veranlasst, Workshops über dieses Thema abzuhalten. Zu Beginn kamen nur zwei oder drei Leute zu ihren Vorträgen. Heute hat das Manuskript – *Heile deinen Körper* – zahllosen Menschen geholfen und war die Grundlage für ihren *New York Times* Bestseller *Gesundheit für Körper und Seele*, von dem weltweit 30 Millionen Exemplare verkauft wurden. Und wenn Louise heutzutage einen Vortrag hält, sind Tausende von Leuten anwesend!

Bist du nicht auch froh, dass Louise sich nicht von ihrer Lebensaufgabe abbringen ließ und durchgehalten hat? Es gibt Dutzende von ähnlichen Geschichten, von Menschen, die die Welt zu einem besseren Ort gemacht haben und deren Anfänge recht bescheiden waren.

* * *

Dein wahres Selbst ist aus der Liebe erschaffen, während dein Ego der Angst entspringt. Die Ziele deines Egos richten sich darauf, dass du dich klein fühlst, minderwertig und machtlos; nur wie könnte ein Wesen, das nach dem Ebenbild des Schöpfers gemacht wurde, *irgendetwas* anderes sein als mächtig, kraftvoll und weise?

Dein Ego weiß genau, dass wenn du dich an dein wahres geistiges Wesen erinnerst, wonach du vollkommen, mächtig, schöpferisch und intelligent bist, es seine Macht verlieren wird, um dich einzuschüchtern. Daher flüstert es dir Lügen ein wie: »Wenn du mächtig bist, wirst du diese Macht missbrauchen. Die Menschen werden dich nicht mehr wie bisher mögen. Sie werden neidisch auf dich sein«, und so weiter. Bitte, bitte, höre nicht auf das Ego! Sag ihm, dass es sich in die Ecke trollen und sein Geplapper für sich behalten kann. Behandle es wie eine summende Fliege und schenke ihm keine Beachtung.

Die Engel sagen: »Wenn du gereizt bist, konzentriere dich aufs Dienen.« Gereiztheit kommt von den Belangen des Egos über die Meinung anderer Leute. Die Ausrichtung auf: »Wie kann ich in diesem Moment mehr Liebe und Licht in die Situation bringen?«, lockt die ursprünglichen geistigen Talente und die Kraft deines höheren Selbst hervor.

Bedenke, dass je höher der Zweck, desto größer die Furcht ist, da besteht ein Zusammenhang. Je mehr Menschen es gibt, denen du helfen könntest, desto mehr Macht wird dein Ego aufwenden, um dich zurückzuhalten. Dein Ego drängt dich, deine Mission aufzuschieben, indem du Vorbereitungen triffst, anstatt zu handeln. Dein Ego ermahnt dich: »Erst musst du abnehmen, mehr Geld verdienen, verheiratet sein, dich scheiden lassen, umziehen, deinen Abschluss machen, veröffentlicht werden, eine Heilpraxis eröffnen und so weiter … und erst *dann* wirst du in der Lage sein, der Welt zu helfen.« Das ist blanker Unsinn!

Erdenengel, du bist genau jetzt bereit für deine Mission! Es wird keinen besseren Tag als heute geben, um dich damit zu befassen! Selbst wenn du dich ungeeignet oder unvorbereitet fühlst, mache es trotzdem! Der Autor Sheldon Kopp hat einmal geschrieben: »Ich habe nie ein wichtiges Vorhaben begonnen, bei dem ich das Gefühl hatte, mich angemessen vorbereitet zu haben.« Mit anderen Worten: Du wirst dich wahrscheinlich nie richtig bereit für deine Mission fühlen, daher gibt es keinen Grund zu warten.

Bete um tägliche Anweisungen, die dir sagen, wie du dazu beitragen kannst, die Erde zu einem reineren und friedlicheren Lebensraum zu machen. Deine Gebete werden erhört in der Form, dass du die Gelegenheit zum Leben und Heilen erhältst. Wenn sich diese Tore für dich auftun, drehe bitte nicht um und laufe in die umgekehrte Richtung. Du *bist* bereit. Du verdienst es, diese wunderbare Arbeit zu tun. Und du hast das Zeug dazu ... genau *jetzt!*

Quellen für Erdenengel

Bücher für Inkarnierte Engel

Es gibt meines Wissens keine Bücher über Inkarnierte Engel (außer dieses Buch hier); dennoch nenne ich nachfolgend einige Werke, die euch von Nutzen sein können, wenn ihr aus dieser Ebene stammt:

The Assertive Woman von Stanlee Phelps und Nancy Austin (Impact Publishers, 1997; deutscher Titel: Die selbstbewusste Frau, antiquarisch)

When I Say No, I Feel Guilty von Manuel J. Smith, Ph. D. (Bantam Books, 1975; deutscher Titel: Sag Nein ohne Skrupel, mvg Verlag, 2003)

Your Perfect Right: Assertiveness and Equality in Your Life and Relationships von Robert E. Alberti and Michael L. Emmons (Impact Publishers, 2001, deutscher Titel: Ich behaupte mich selbst. Ein Übungsprogramm, antiquarisch)

Unterstützende Gruppen für Inkarnierte Engel

Selbst wenn die unten genannten Gruppen nicht speziell für euch Inkarnierten Engel sind, können sie euch helfen, etwas über Selbstbewusstsein und Grenzen setzen zu lernen und euch Unterstützung bieten, während ihr eure persönliche Stärke zurückgewinnt. Die Treffen werden überall in der Welt abgehalten. Du kannst eine Liste von diesen Treffen erhalten, indem du folgende Adressen kontaktierst:

Al-Anon
1600 Corporate Landing Parkway
Virginia Beach, VA 23454-5617
e-mail: wso@al-anon.org • **www.al-anon.org**
(Anm. der Übersetzerin: Selbsthilfegruppen für Angehörige und Freunde von Alkoholikern, siehe auch www.al-anon.de)

Co-Dependents Anonymous P. O. Box 33577
Phoenix, AZ 85067-3577
e-mail: outreach@coda.org • **www.coda.org**
(Anm. der Übersetzerin: Anonyme Co-Abhängige, siehe auch www.coda-deutschland.de)

Studiengruppen über Ein Kurs in Wundern

Das Buch *Ein Kurs in Wundern* ist eine wunderbare Quelle, die dir hilft, von Schuld frei zu werden. Das Buch ist in jedem Buchladen erhältlich oder lade dir eine kostenlose Kopie des amerikanischen Originals und der nicht editierten Version aus dem Internet herunter, indem du den Begriff Urtext+A Course in Miracles über eine Suchmaschine (wie z. B. Google) eingibst. Du kannst auch in den Studiengruppen, die sich mit dem *Kurs* befassen, ein hilfreiches Netzwerk finden. Eine Liste der Studiengruppen erhältst du über:

Miracle Distribution Center
3947 E. La Palma Ave.
Anaheim, CA 92807
(714) 632-9005 • fax: (714) 632-9115
e-mail: info@miraclecenter.org •
www.miraclecenter.org

Bücher für und über Inkarnierte Elementare

Summer with the Leprechauns: A True Story von Tanis Helliwell (Blue Dolphin Publishing, 1997; deutsche Ausgabe: Elfensommer. Meine Begegnung mit den Naturgeistern. Ein Tatsachenbericht, Neue Erde Verlag, 2006)

Healing with the Fairies von Doreen Virtue, Ph. D. (Hay House, 2001; deutsche Ausgabe: Die Heilkraft der Feen, Ullstein-Verlag, 2004)

The Elves of Lily Hill Farm von Penny Kelly (Lily Hill Publishing, 2005)

Bücher über Sternenmenschen

Aliens Among Us von Ruth Montgomery (Fawcett Publishing, 1986)

E. T. 101: The Cosmic Instruction Manual von Zoev Jho und Diana Luppi (Intergalactic Council Publications, 1990)

Keepers of the Garden von Dolores Cannon (Ozark Mountain Publishing, 1993)

The Star People von Brad & Francie Steiger (Berkley Publishing Group, 1986)

Starborn von Brad Steiger & Sherry Hansen Steiger (Berkley Publishing Group, 1992)

From Elsewhere: Being E. T. in America von Scott Mandelker (Carol Publishing Books, 1995)

Universal Vision: Soul Evolution and the Cosmic Plan von Scott Mandelker (U. V. Way Publishing, 2000)

Über die Autorin

Doreen Virtue, Ph.D., ist eine hellsichtige Metaphysikerin und führt die akademischen Grade Bachelor of Arts (B.A.), Magistra Artium (M.A.) und Philosophiae Doctor (Ph.D.) in beratender Psychologie. Zuvor Psychotherapeutin, leitet Doreen heute Workshops über die Themen in Verbindung mit ihren Büchern und Orakelkarten. Sie ist die Autorin von *Das Praxisbuch für Indigo-Eltern*, des Buchs *Die Heilkraft der Engel* und den gleichnamigen Orakelkarten und des Buchs *Botschaft der Engel* und Orakelkarten neben vielen anderen Werken. Sie war zu Gast bei *Oprah*, CNN, und *Good Morning America* und wurde in weltweiten Zeitungen und Magazinen vorgestellt. Informationen über Doreens Workshops erhält man auf ihrer folgenden Webseite: www.AngelTherapy. com.

Das Plädoyer für ein veganes Leben

INGRID KRAAZ VON ROHR
Die Seele is(s)t vegan
Bewusste Lebensweise für jeden Tag
192 Seiten
€ [D] 14,00 / € [A] 14,40
sFr 19,90
ISBN 978-3-548-74609-8

Warum ist eine vegane Lebensweise die absolute Notwendigkeit für achtsames und bewusstes Leben? Dieses Buch gibt die Antwort und ist zudem das erste komplett vegan produzierte Buch. Um seelisch nicht zu verkümmern, so rät die Autorin, ist es wichtig und hilfreich, sich von tierischer Nahrung und tierischen Produkten zu verabschieden.

Nie wieder schlecht schlafen!

UWE ALBRECHT
Besser schlafen, besser leben
Mit InnerWise zu einem guten Schlaf
160 Seiten
€ [D] 8,99 / € [A] 9,30
sFr 12,50
ISBN 978-3-548-74610-4

Guter Schlaf ist: Du schläfst nach 5 Minuten ein, hast schöne Träume, schläfst durch und wachst nach 6-8 Stunden mit Sonnenschein im Kopf, entspanntem schmerzfreiem Körper, erholt und verjüngt auf, vor dem Wecker und mit guter Laune. Alles andere ist schlechter Schlaf. Nach den energetischen Gesundheitsprinzipien von InnerWise gibt der Arzt Uwe Albrecht in diesem Buch eine einfache Anleitung, mit der jeder zu einem guten, erholsamen Schlaf finden kann.

Das Buch über das Leben, das Sterben und das Leben danach

Allegria

MARY C. NEAL
Einmal Himmel und zurück
Der wahre Bericht einer Ärztin über ihren Tod, den Himmel, die Engel und das Leben, das folgte
208 Seiten
€ [D] 16,99 / € [A] 17,50
sFr 23,90
ISBN 978-3-7934-2253-2

Nach einem Kajak-Unfall erlebt die amerikanische Ärztin Mary C. Neal ihren Tod und den Aufstieg ihrer Seele in den Himmel, um danach wieder in ihr irdisches Leben zurückzukehren. Eine außergewöhnliche Geschichte über die wahrscheinlich spirituellste Reise eines Menschen: vom Leben zum Tod, weiter zum ewigen Leben und wieder zurück zum sterblichen Dasein.

Das Tarot der positiven Impulse

Allegria

**DOREEN VIRTUE
MIT RADLEIGH VALENTINE**
Das Erzengel-Tarot
78 Karten mit Anleitungsbuch
€ [D] 24,99 / € [A] 25,70
sFr 34,90
ISBN 978-3-7934-2269-3

Die Karten geben mehr als Antworten: Sie geben Mut, Motivation und Kraft, um die Zeichen zu verstehen und sich auf einen neuen Weg zu begeben. Sie tragen die Magie des traditionellen Tarot in sich, mit wunderschönen und inspirierenden Worten und Motiven. Das Begleitbuch gibt dem Leser eine Schritt-für-Schritt-Einführung dazu, wie man ein Tarot für sich selbst und andere richtig anwendet.

Allegria

Erzengel Gabriel – der Bote Gottes

DOREEN VIRTUE
Erzengel Gabriel
Der Bote Gottes
208 Seiten
€ [D] 19,99 / € [A] 20,60
sFr 27,90
ISBN 978-3-7934-2258-7

Gabriel hilft den Menschen dabei, selbst zu einem göttlichen Boten zu werden und unterstützt Lehrer, Künstler, Musiker und Schriftsteller bei ihrer Arbeit. Auch Eltern steht er bei der Erziehung ihrer Kinder liebevoll zur Seite. In ihrem neuen Erzengel-Buch beschreibt Doreen Virtue ausführlich die mythischen und biblischen Hintergründe dieses Engels, erzählt von Begegnungen mit ihm und erklärt, worin seine besondere Bedeutung liegt und wie man mit ihm Kontakt aufnimmt.

Der neue Star am Engelhimmel

KYLE GRAY
Hallo Engel!
Energie und Heilung
erfahren durch das
Wunder des Gebest
192 Seiten
€ [D] 14,99 / € [A] 15,50
sFr 20,90
ISBN 978-3-7934-2263-1

Wie können wir Kontakt aufnehmen zu den himmlischen Kräften? Was ist zu tun, damit unsere Gebete erhört werden und die Engel auf unsere Rufe reagieren? Das schottische Medium Kyle Gray zeigt, wie der Kontakt zu den höheren Wesen hergestellt werden kann. Er sagt uns, auf welche Gesetzmäßigkeiten zu achten ist, um positive Schwingungen zu erzeugen. Wie jeder diese Energien nutzen kann, beschreibt er detailliert anhand außergewöhnlicher Erlebnisse und Erfahrungen.